Sadlier

CREEMOS™

Jesús comparte la vida de Dios

HACIENDO DISCIPULOS
Orar
Conocer
Celebrar
Compartir
Expresar
Vivir

Segundo curso

Sadlier

Nihil Obstat

Monsignor Michael F. Hull.
Censor Librorum

Imprimatur

✠ Most Reverend Dennis J. Sullivan
Vicar General of the Archdiocese of New York
February 14, 2011

The *Nihil Obstat* and *Imprimatur* are official declaration that these books are free of doctrinal or moral error. No implications contained therein that those who have granted the *Nihil Obstat* and *Imprimatur* agree with the content, opinion, or statements expressed.

Acknowledgments

Excerpts from the English translation of *The Roman Missal*, © 2010, International Committee on English in the Liturgy, Inc. All rights reserved.

Excerpts from the English translation of the Catechism of the Catholic Church for use in the United States of America, © 1994, United States Catholic Conference, Inc.-Libreria Editrice Vaticana. English translation of the Catechism of the Catholic Church: Modifications from the Editio Typica copyright © 1997, United States Catholic Conference, Inc.-Libreria Editrice Vaticana. Used with permission.

Scripture excerpts are taken from the New American Bible with Revised New Testament and Psalms Copyright © 1991, 1986, 1970, Confraternity of Christian Doctrine, Inc., Washington, D.C. Used with permission. All rights reserved. No part of the New American Bible may be reproduced by any means without permission in writing from the copyright owner.

Excerpts from *La Biblia* con Deuterocanónicos, versión popular, copyright © 1966, 1970, 1979, 1983, William H. Sadlier, Inc. Distribuido con permiso de la Sociedad Bíblica Americana. Reservados todos los derechos.

Excerpts from *La Biblia católica para jóvenes* © 2005, Instituto Fe y Vida. All rights reserved.

Excerpts from the English translation of *Rite of Baptism for Children* © 1969, International Committee on English in the Liturgy, Inc. (ICEL); excerpts from the English translation of *Lectionary for Mass* © 1969, 1981, ICEL; excerpts from the English translation of *Rite of Penance* © 1974, ICEL; excerpts from the English translation of *Rite of Confirmation, 2nd Edition* © 1975, ICEL; excerpts from the English translation of *A Book of Prayers* © 1982, ICEL; excerpts from the English translation of *Book of Blessings* © 1988, International Committee on English in the Liturgy, Inc. All rights reserved. Excerpts from the Ritual conjunto de los sacramentos © 1976, CELAM, Departamento de Liturgia Apartado Aéreo 5278, Bogotá, Colombia. Reservados todos los derechos.

Excerpts from the Misal Romano © 1993, Conferencia Episcopal Mexicana, Obra Nacional de la Buena Prensa, A.C. Apartado M-2181, 06000 México, D.F. Reservados todos los derechos.

Excerpts from *Catholic Household Blessings and Prayers* Copyright © 1988, United States Catholic Conference, Inc., Washington, D.C. (The selection in Chapter 14, page 161, has been adapted.) Used with permission. All rights reserved.

English translation of the Lord's Prayer, the Apostles' Creed, the Gloria in Excelsis, the Sursum Corda, the Sanctus, and the Gloria Patri are by the International Consultation on English Texts. (ICET)

"Ven, Espíritu Santo" © 1995, Jaime Cortez. Obra publicada por OCP Publications. Derechos reservados. "Salmo 39: Aquí estoy, Señor" © 1999, José Luis Castillo. Obra publicada por OCP Publications.

Derechos reservados. "Yes, We Will Do What Jesus Says" © 1993, Daughters of Charity and Christopher Walker. Published by OCP Publications, 5536 NE Hassalo, Portland, OR 97213. All rights reserved. Used with permission. "We Celebrate with Joy" © 2000, Carey Landry. Published by OCP Publications, 5536 NE Hassalo, Portland, OR 97213. All rights reserved. Used with permission. "El Señor es tierno y compasivo" © 1989, Fernando Rodríguez. OCP Publications. Derechos reservados. "We Come to Ask Forgiveness" © 1986, Carey Landry and North American Liturgy Resources. All rights reserved. "Levántate" © 1989, Cesáreo Gabaráin. Obra publicada por OCP Publications. Derechos reservados. "Stay Awake" © 1988, 1989, 1990, Christopher Walker. Published by OCP Publications, 5536 NE Hassalo, Portland, OR 97213. All rights reserved. Used with permission. "Pan de vida" © 1988, 1995, 1999, Bob Hurd y Pia Moriarty. Obra publicada por OCP Publications. Derechos reservados. "Cantaré alabanzas al Señor" © 1973, Ricardo Mishler. Obra publicada por OCP Publications. Derechos reservados. "God Is Here" © 1990, Carey Landry and North American Liturgy Resources (NALR), 5536 NE Hassalo, Portland, OR 97213. All rights reserved. Used with permission. "Tu palabra me llena" © 1981, Raúl Carranza. OCP Publications. Derechos reservados. "Take the Word of God with You" text © 1991, James Harrison. Music © 1991, Christopher Walker. Text and music published by OCP Publications, 5536 NE Hassalo, Portland, OR 97213. All rights reserved. Used with permission. "Nosotros somos su pueblo/We Are God's People" © 1998, Jaime Cortez. Obra publicada por OCP Publications. Derechos reservados. "¡Aleluya! ¡Gloria a Dios!" © 1991, Carlos Rosas. Obra publicada por OCP Publications. Derechos reservados. "Alleluia, We Will Listen" © 1997, Paul Inwood. Published by OCP Publications, 5536 NE Hassalo, Portland, OR 97213. All rights reserved. Used with permission. "Vienen con alegría" © 1979, Cesáreo Gabaráin. Obra publicada por OCP Publications. Derechos reservados. "Rejoice in the Lord Always" this arrangement © 1975, North American Liturgy Resources. All rights reserved. "Hosanna" © 1997, Jaime Cortez. Obra publicada por OCP Publications. Derechos reservados. "Sing Hosanna" © 1997, Jack Miffleton. Published by OCP Publications, 5536 NE Hassalo, Portland, OR 97213. All rights reserved. Used with permission. "Santos del Señor" © 1993, Jaime Cortez. Obra publicada por OCP Publications. Derechos reservados. "Litany of Saints" music © 1992, John Schiavone. Published by OCP Publications, 5536 NE Hassalo, Portland, OR 97213. All rights reserved. Used with permission. "Amor de Dios/O Love of God" © 1994, 1995, 2000, Bob Hurd y Pia Moriarty. Obra publicada por OCP Publications. Derechos reservados. "Salmo 117: Este es el día" © 1968, Miguel Manzano. Obra publicada por OCP Publications. Derechos reservados. "This Is the Day" Text: Irregular; based on Psalm 118:24; adapt. by Les Garrett. Text and music © 1967, Scripture in Song (a division of Integrity Music, Inc.). All rights reserved.

William H. Sadlier, Inc.
9 Pine Street
New York, NY 10005-4700

ISBN: 978-0-8215-6202-4
10 11 12 13 14 WEBC 23 22 21 20 19

El subcomité para el Catecismo de la Conferencia de Obispos Católicos de los Estados Unidos consideró que esta serie catequética, copyright 2011, está en conformidad con el *Catecismo de la Iglesia Católica*.

The subcommittee on Catechism, United States Conference of Catholic Bishops, has found this catechetical series, copyright 2011, to be in conformity with the *Catechism of the Catholic Church*.

El programa Creemos/We Believe de Sadlier fue desarrollado por un reconocido equipo de expertos en catequesis, desarrollo del niño y currículo a nivel nacional. Estos maestros y practicantes de la fe nos ayudaron a conformar cada lección a la edad de los niños. Además, un equipo de respetados liturgistas, catequistas, teólogos y ministros pastorales compartieron sus ideas e inspiraron el desarrollo del programa.

Contribuyentes en la inspiración y el desarrollo de este programa:

Gerard F. Baumbach, Ed.D.
Director, Centro de Iniciativas Catequéticas
Profesor concurrente de teología
University of Notre Dame

Carole M. Eipers, D.Min.
Vicepresidenta y Directora Ejecutiva
de Catequesis
William H. Sadlier, Inc.

Consultores en liturgia y catequesis

Reverendo Monseñor John F. Barry
Párroco, Parroquia American Martyrs
Manhattan Beach, CA

Mary Jo Tully
Canciller, Arquidiócesis de Portland

Reverendo Monseñor John M. Unger
Superintendente Catequesis y Evangelización
Arquidiócesis de San Luis

Consultores en currículo y desarrollo del niño

Hermano Robert R. Bimonte, FSC
Director ejecutivo
NCEA Departamento de Escuelas primarias

Gini Shimabukuro, Ed.D.
Profesora asociada
Institute for Catholic Educational Leadership
Escuela de Educación
Universidad de San Francisco

Consultores en la escritura

Reverendo Donald Senior, CP, Ph.D., S.T.D.
Miembro, Comisión Bíblica Pontificia
Presidente, Catholic Theological Union
Chicago, IL

Consultores en multicultura

Reverendo Allan Figueroa Deck, SJ, Ph.D., S.T.D.
Director ejecutivo
Secretariado de Diversidad Cultural en la Iglesia
Conferencia de obispos católicos
de los Estados Unidos
Washington, D.C.

Kirk Gaddy
Consultor en educación
Baltimore, MD

Reverendo Nguyễn Việt Hưng
Comité vietnamita de catequesis

Dulce M. Jiménez Abreu
Directora de programas en español
William H. Sadlier, Inc.

Doctrina social de la Iglesia

John Carr
Director ejecutivo
Departamento de Desarrollo
Social y Paz Mundial, USCCB
Washington, D.C.

Joan Rosenhauer
Directora asociada
Departamento de Desarrollo Social
y Paz Mundial, USCCB
Washington, D.C.

Índice

UNIDAD 1

Jesucristo está siempre con nosotros

1 Jesús es el Hijo de Dios......................**10**
Mateo 8:14–15

HACIENDO DISCIPULOS La señal de la cruz

2 Jesucristo nos da la Iglesia............**22**
Mateo 4:18–22; 28:1–6;
Hechos de los apóstoles 2:1–4

HACIENDO DISCIPULOS Promesa del discípulo

3 Celebramos el amor de Dios...........**34**
Salmo 100:1, 3

HACIENDO DISCIPULOS Los siete sacramentos

4 Celebramos el Bautismo...................**46**
Rito del Bautismo

HACIENDO DISCIPULOS Acogiendo miembros en la Iglesia

5 Celebramos la Confirmación...........**58**
Rito de la Confirmación

HACIENDO DISCIPULOS El Espíritu Santo como consolador

UNIDAD 2

Jesús nos llama a la penitencia y la reconciliación

8 Aprendemos sobre el amor de Dios......................................**86**
Isaías 48:17; 2 Samuel 7:22;
Lucas 4:42–43; Mateo 7:24–27

HACIENDO DISCIPULOS Historias bíblicas favoritas

9 Dios nos da leyes.............................**98**
Salmo 119:64; Mateo 22:35–39

HACIENDO DISCIPULOS Viviendo los mandamientos

10 Cumplimos las leyes de Dios.......**110**
Juan 15:9–10; Lucas 15:11–24

HACIENDO DISCIPULOS Tomando decisiones con amor

11 Nos preparamos para el sacramento del perdón...............**122**
Lucas 15:4–6

HACIENDO DISCIPULOS El sacramento de la Reconciliación

12 Celebramos el sacramento del perdón.....................................**134**
Mateo 18:21–22
Rito de la Penitencia

HACIENDO DISCIPULOS San Francisco de Asís

TIEMPOS LITURGICOS

6 El año litúrgico.........................**70**
• El año litúrgico nos ayuda a seguir a Jesús.
Marcos 2:14

7 Tiempo Ordinario......................**78**
• Durante el Tiempo Ordinario celebramos a Jesucristo y aprendemos a seguirlo.
Salmo 145:2

13 Adviento...................................**146**
• Adviento es tiempo de espera y preparación
Isaías 9:2

14 Navidad....................................**154**
• Navidad es tiempo para dar gloria a Dios.
Lucas 2:1–20

Contents

UNIT 1

Jesus Christ Is With Us Always

1 Jesus Is the Son of God 11

Matthew 8:14–15

PROJECT DISCIPLE The Sign of the Cross

2 Jesus Christ Gives Us the Church 23

Matthew 4:18–22; 28:1–6;
Acts of the Apostles 2:1–4

PROJECT DISCIPLE Disciple Pledge

3 We Celebrate God's Love 35

Psalm 100:1, 3

PROJECT DISCIPLE The Seven Sacraments

4 We Celebrate Baptism 47

Rite of Baptism

PROJECT DISCIPLE Welcoming Church Members

5 We Celebrate Confirmation 59

Rite of Confirmation

PROJECT DISCIPLE The Holy Spirit as Helper

UNIT 2

Jesus Calls Us to Penance and Reconciliation

8 We Learn About God's Love 87

Isaiah 48:17; 2 Samuel 7:22;
Luke 4:42–43; Matthew 7:24–27

PROJECT DISCIPLE Favorite Bible Stories

9 God Gives Us Laws 99

Psalm 119:64; Matthew 22:35–39

PROJECT DISCIPLE Living the Commandments

10 We Follow God's Laws 111

John 15:9–10; Luke 15:11–24

PROJECT DISCIPLE Making Loving Choices

11 We Prepare for the Sacrament of Forgiveness 123

Luke 15:4–6

PROJECT DISCIPLE The Sacrament of Penance

12 We Celebrate the Sacrament of Forgiveness 135

Matthew 18:21–22
Rite of Penance

PROJECT DISCIPLE Saint Francis of Assisi

SEASONAL CHAPTERS

6 The Church Year 71

• The Church year helps us to follow Jesus.
  Mark 2:14

7 Ordinary Time 79

• In Ordinary Time, we celebrate Jesus Christ and learn to follow him.
  Psalm 145:2

13 Advent 147

• Advent is a season of waiting and preparing.
  Isaiah 9:1

14 Christmas 155

• Christmas is a season to give glory to God.
  Luke 2:1–20

UNIDAD 3

Jesús se da a sí mismo en la Eucaristía

15 **Jesús nos da la Eucaristía**..........**162**

Juan 6:2–14, 51; Marcos 14:22–24; Lucas 22:19

HACIENDO DISCIPULOS Compartiendo con los necesitados

16 **Nos reunimos para la celebración de la Eucaristía**..............................**174**

Mateo 18:20; Juan 15:5; Misal Romano

HACIENDO DISCIPULOS Bienvenidos a la celebración

17 **Celebramos la Liturgia de la Palabra**.............................**186**

Lucas 8:1; Misal Romano

HACIENDO DISCIPULOS Rezando por los líderes del mundo

18 **Celebramos la Liturgia de la Eucaristía**...............................**198**

Juan 14:27; Misal Romano

HACIENDO DISCIPULOS La primera comunión

19 **Vamos en paz a compartir el amor de Dios**..............................**210**

Juan 13:34–35; Misal Romano

HACIENDO DISCIPULOS Los primeros discípulos cristianos

TIEMPOS LITURGICOS

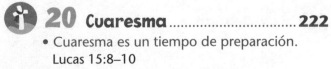

20 **Cuaresma**...........................**222**

• Cuaresma es un tiempo de preparación.
  Lucas 15:8–10

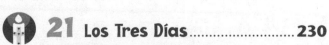

21 **Los Tres Días**......................**230**

• Los Tres Días celebran la muerte y resurrección de Jesús.
  Gálatas 3:26–28

UNIDAD 4

Vivimos nuestra fe católica

22 **Dios nos llama a amar y a servir**...............................**238**

Isaías 43:1

HACIENDO DISCIPULOS Santa Elizabeth Ann Seton

23 **La Iglesia vive**...............................**250**

Filipenses 4:4–5

HACIENDO DISCIPULOS Los misioneros

24 **Rezamos**...**262**

Lucas 11:1

HACIENDO DISCIPULOS El Padrenuestro

25 **Honramos a María y a los santos**...**274**

Lucas 1:28–30, 38–42

HACIENDO DISCIPULOS Santa Francisca de Roma

26 **Mostramos amor y respeto**......**286**

1 Corintios 13:4, 8, 13; Juan 13:34–35

HACIENDO DISCIPULOS Respeto por la creación

Los Diez Mandamientos.............................306

Mi libro de la misa.................................307

Oraciones..315

Glosario 317

27 **Tiempo de Pascua**..............**298**

• Pascua es el tiempo en que celebramos la Resurrección de Jesús.
  Lucas 24:1–9

UNIT 3

Jesus Gives Himself in the Eucharist

15 Jesus Gives Us the Eucharist 163
John 6:2–14, 51; Mark 14:22–24; Luke 22:19
PROJECT DISCIPLE Sharing with the Hungry

16 We Gather for the Celebration of the Eucharist 175
Matthew 18:20; John 15:5; The Roman Missal
PROJECT DISCIPLE Welcome to the Celebration

17 We Celebrate the Liturgy of the Word 187
Luke 8:1; The Roman Missal
PROJECT DISCIPLE Praying for World Leaders

18 We Celebrate the Liturgy of the Eucharist 199
John 14:27; The Roman Missal
PROJECT DISCIPLE First Holy Communion

19 We Go in Peace to Share God's Love 211
John 13:34–35; The Roman Missal
PROJECT DISCIPLE Early Christian Disciples

UNIT 4

We Live Our Catholic Faith

22 God Calls Us to Love and Serve 239
Isaiah 43:1
PROJECT DISCIPLE Saint Elizabeth Ann Seton

23 The Church Lives Today 251
Philippians 4:4–5
PROJECT DISCIPLE Missionaries

24 We Pray 263
Luke 11:1
PROJECT DISCIPLE The Our Father

25 We Honor Mary and the Saints 275
Luke 1:28–30, 38–42
PROJECT DISCIPLE Saint Frances of Rome

26 We Show Love and Respect 287
1 Corinthians 13:4, 8, 13; John 13:34–35
PROJECT DISCIPLE Respect for Creation

The Ten Commandments 306
My Mass Book 311
Prayers 316
Glossary 319

SEASONAL CHAPTERS

20 Lent 223
• Lent is a season of preparing.
Luke 15:8–10

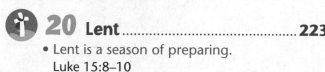

21 The Three Days 231
• The Three Days celebrate the Death and Resurrection of Jesus.
Galatians 3:26–27, 28

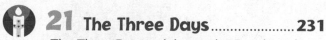

27 Easter 299
• Easter is a season to celebrate the Resurrection of Jesus.
Luke 24:1–9

NOS CONGREGAMOS

✝ **Líder:** Nos ponemos de pie para orar.

Niña: Gloria al Padre,

Niño: Gloria al Hijo,

Niña: y Gloria al Espíritu Santo.

Todos: Como era en el principio, ahora y siempre, por los siglos de los siglos. Amén.

 Dios llenó nuestro mundo de cosas maravillosas. Nombra tu favorita.

CREEMOS

Dios Padre, envió a su Hijo, Jesús, para estar con nosotros.

Dios Padre nos ama mucho. El nos da muchos regalos. Jesús es el mejor regalo que Dios nos ha dado. Jesús es el Hijo de Dios.

María era una joven judía. Dios Padre envió a un ángel a visitar a María. El ángel le dijo que Dios la había escogido para ser la madre de su Hijo. María aceptó el plan de Dios. El ángel también le dijo que el nombre del niño sería Jesús. El nombre *Jesús* tiene un significado especial. Quiere decir "Dios salva".

Jesus Is the Son of God

WE GATHER

✝ **Leader:** Let us stand and pray.

Child 1: Glory to the Father,

Child 2: and to the Son,

Child 3: and to the Holy Spirit:

All: as it was in the beginning, is now, and will be for ever. Amen.

☀ God has filled our world with wonderful gifts. Name your favorite.

WE BELIEVE

God the Father sent his Son, Jesus, to be with us.

God the Father loves us very much. He gives us many gifts. Jesus is God's greatest gift to us. Jesus is the Son of God.

Mary was a young Jewish girl. God the Father sent an angel to Mary. The angel told her that God chose her to be the Mother of his Son. Mary agreed to God's plan. The angel also told her to name the child Jesus. The name *Jesus* has a special meaning. It means "God saves."

Jesús vivió con su madre, María, y su padre adoptivo, José. Llamamos a Jesús, María y José la **sagrada familia**.

La sagrada familia vivió en un pueblo llamado Nazaret. Mientras crecía, Jesús aprendió de su familia y maestros sobre la fe judía. Aprendió y obedeció las leyes de Dios. Rezó y celebró los días de fiesta.

 Habla de lo que Jesús hizo cuando era un niño.

Jesús es humano como nosotros.

Cuando Jesús tenía aproximadamente treinta años, empezó a enseñar en muchos lugares. Jesús quería que todo el mundo supiera que podía compartir el amor de Dios. Esa fue la buena nueva que Jesús dio al pueblo de Dios.

Jesús era el Hijo de Dios pero también era humano. La gente podía verlo y hablar con él, tocarlo y escucharlo. Jesús les dijo:

- Dios ama a todo el mundo.
- Dios quiere que todos amen a Dios, a ellos mismos y a los demás.
- Dios es su Padre.
- Dios debe ser lo más importante en sus vidas.

Jesús también enseñó con obras. El dio de comer a los que tenían hambre. Jesús alentó a los tristes. El cuidó de los pobres.

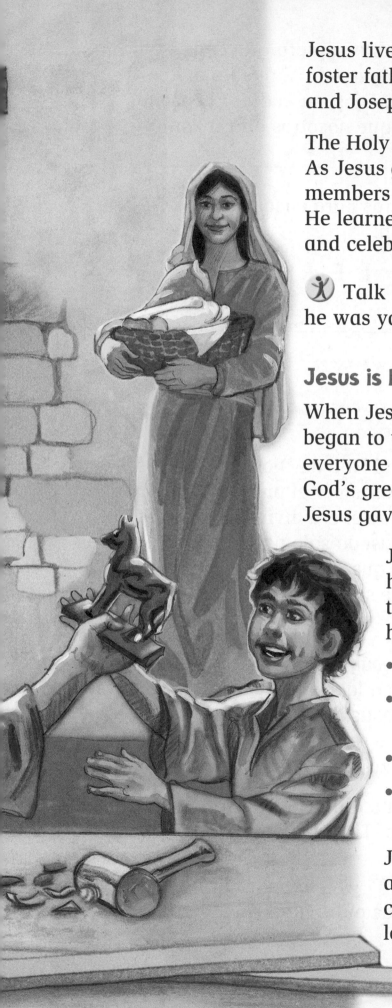

Jesus lived with his mother, Mary, and his foster father, Joseph. We call Jesus, Mary, and Joseph the **Holy Family**.

The Holy Family lived in the town of Nazareth. As Jesus grew, he learned from his family members and teachers about the Jewish faith. He learned and obeyed God's laws. He prayed and celebrated religious holidays.

Talk about what Jesus did when he was your age.

Jesus is human like us.

When Jesus was about thirty years old, he began to teach in many places. Jesus wanted everyone to know that they could share in God's great love. That was the Good News Jesus gave to God's people.

Jesus was God's Son but he was also human. People could see Jesus and talk to him. They could touch him and hear him. Jesus told them:

- God loves all people.
- God wants all people to love God, themselves, and others.
- God is their Father.
- God should be the most important one in their lives.

Jesus also taught people by his actions. He fed the hungry. Jesus comforted those who were sad or lonely. He cared for the poor.

13

Jesús quería que el pueblo supiera que Dios siempre los amaba. Jesús ayudó al pueblo a ver que ellos podían rezar a Dios, su Padre. El enseñó a la gente una oración que nosotros aún rezamos.

Organiza las letras para encontrar el nombre de la oración.

N P U D O R T E R S A E

_____

Jesús hizo cosas que sólo Dios puede hacer.

Jesús es el Hijo de Dios. El hizo cosas maravillosas por el pueblo. El mostró al pueblo que él era divino. **Divino** es una palabra usada sólo para describir a Dios. Significa que Jesús es Dios y que hizo cosas que sólo Dios puede hacer.

Mateo 8:14–15

Un día Jesús fue a visitar a Pedro. "Donde encontró a la suegra de este en cama y con fiebre. Jesús tocó entonces la mano de ella, y la fiebre se le quitó, así que ella se levantó y comenzó a atenderlos". (Mateo 8:14–15)

Jesús sanó a muchas personas. El resucitó personas. También perdonó los pecados.

¿Qué quieres decir a Jesús sobre las maravillas que hizo?

Jesus wanted people to know that God always cares for them. Jesus helped people to know that they could always pray to God his Father. Jesus taught the people a prayer that we still pray today.

Find the name of the prayer Jesus taught. Unscramble the sets of letters.

U R O   H R A F E T

_____

Jesus did things only God can do.

Jesus is the Son of God. He did amazing things for people. He showed people that he was divine. **Divine** is a word we use to describe God. This means that Jesus is God and could do things only God can do.

Matthew 8:14–15

One day Jesus visited the family of Peter, one of Jesus' closest friends. "Jesus entered the house of Peter, and saw his mother-in-law lying in bed with a fever. He touched her hand, the fever left her, and she rose and waited on him." (Matthew 8:14–15)

Jesus healed many other people, too. He brought people back to life. He even forgave people their sins.

What would you like to say to Jesus about the wonderful things he did?

15

Jesús, el Hijo de Dios, nos enseñó sobre Dios el Padre y Dios el Espíritu Santo.

La noche antes de morir, Jesús compartió una comida muy especial con sus amigos. Jesús les habló sobre Dios, Padre. Después les dijo que pediría al Padre enviar al Espíritu Santo. Dios Espíritu Santo les ayudaría a recordar todo lo que él les había enseñado.

Jesús nos enseñó que hay un solo Dios. Pero que hay tres Personas en un Dios.

El Padre es Dios.
El Hijo es Dios.
El Espíritu Santo es Dios.
Llamamos a estas tres Personas en un solo Dios, la **Santísima Trinidad**.

Vocabulario

sagrada familia la familia de Jesús, María y José

divino palabra usada sólo para describir a Dios

Santísima Trinidad tres Personas en un solo Dios

RESPONDEMOS

¿Cómo puedes mostrar tu amor por Dios Padre, Dios Hijo y Dios Espíritu Santo? Escríbelo aquí.

_____

_____

Como católicos...

Cuando Jesús enseñó usó parábolas. Parábolas son historias cortas. En estas historias, Jesús habló sobre cosas de la vida diaria. Algunas de esas cosas eran pájaros, semillas, ovejas, flores, y familias. La multitud escuchaba en silencio. Jesús usó esas parábolas para hablar sobre el amor de Dios.

¿Has escuchado algunas de las parábolas de Jesús?

Jesus, the Son of God, taught us about God the Father and God the Holy Spirit.

On the night before Jesus died, he shared a very special meal with his close friends. Jesus told them about God the Father. Then Jesus said that he would ask his Father to send the Holy Spirit. God the Holy Spirit would help them to remember everything that Jesus taught them.

Jesus taught us that there is only one God. But there are Three Persons in One God.

The Father is God.
The Son is God.
The Holy Spirit is God.
We call the Three Persons in One God the **Blessed Trinity**.

Key Words

Holy Family the family of Jesus, Mary, and Joseph

divine a word used to describe God

Blessed Trinity the Three Persons in One God

WE RESPOND

How can you show your love for God the Father, God the Son, and God the Holy Spirit? Write one way here.

_____

_____

As Catholics...

When Jesus taught, he used parables. Parables are short stories. In these stories, Jesus talked about things from everyday life. Some of the things he talked about were flowers, seeds, birds, sheep, and families. The crowds listened carefully to these stories. Jesus used these parables to tell everyone about God's love.

Have you ever heard one of Jesus' parables?

Muestra *lo* que sabes

Usa las palabras del **Vocabulario** que se encuentran en el cuadro para completar las actividades.

- Subraya la palabra que significa la familia de Jesús, María y José.

- Encierra en un círculo la palabra usada para describir a Dios.

- Marca con ✔ las palabras que indican que hay tres Personas en un solo Dios.

> divino
>
> Santísima Trinidad
>
> sagrada familia

Exprésalo

Jesús es humano como nosotros. Dibuja algo que Jesús hizo que tú puedes hacer.

Jesús es divino. El hizo cosas que sólo Dios puede hacer. Dibuja algo que Jesús hizo que sólo Dios puede hacer.

PROJECT DISCIPLE

Show What *you* Know

Use the **Key Words** in the box to complete the activities below.

- Underline the word that means the family of Jesus, Mary, and Joseph.

- Circle the word used to describe God.

- Check the word that is the Three Persons in One God.

divine

Blessed Trinity

Holy Family

Picture This

Jesus is human like us. Draw something Jesus did that you can do.

Jesus is divine. He did things only God can do. Draw something Jesus did that only God can do.

 **Reza** Pon las partes de la oración en orden.
Numera las fotos del 1 al 5.

| Amén. | y del Hijo, | Santo. | En el nombre del Padre, | y del Espíritu |

_____   _____   _____   _____   _____

↳ **RETO PARA EL DISCIPULO** Reza esta oración
con un amigo.

 **Haz** *lo*

¿Qué cosa hizo Jesús que fue
grande?

_____

_____

_____

Compártelo.

 **Tarea**

Dios quiere que respetemos a toda
persona en la tierra. El quiere que
respetemos a todos los que son
mayores que nosotros. El quiere que
respetemos a las personas que son de
nuestra edad o menores que nosotros.
El quiere que respetemos a las
personas que son diferentes a nosotros.
En familia, piensen sobre algunas
formas en que puedes mostrar respeto
para las personas que conoces.

PROJECT DISCIPLE

 **Pray Today**

Put the parts of the prayer in order.
Number the pictures from 1 to 5.

| Amen. | and of the Son, | Spirit. | In the name of the Father, | and of the Holy |

_____ _____ _____ _____ _____

↳ DISCIPLE CHALLENGE Say this prayer with a friend.

Make *it* Happen

What is an amazing thing that Jesus did?

_____

_____

_____

Now, pass it on!

Take Home

God wants us to respect every person on earth. He wants us to respect people who are older than us. He wants us to respect people who are our age, or younger than us. He wants us to respect people who are different from us. As a family, think about some ways you can show respect to people you know.

21

NOS CONGREGAMOS

✝ **Líder:** Vamos a escuchar con atención una historia sobre Jesús.

📖 Mateo 4:18–22

Un día Jesús caminaba por la orilla del mar. El vio a Pedro y a Andrés pescando con una red. Jesús los llamó y les pidió seguirle. "Al momento dejaron sus redes y se fueron con él". (Mateo 4:20)

Todos: Jesús queremos seguirte.

 Nombra algunos de tus maestros y sus ayudantes. ¿Cómo puedes seguir su ejemplo?

CREEMOS

Jesús reunió a muchos seguidores para que fueran sus discípulos.

Jesús habló al pueblo acerca del amor de Dios Padre. El se preocupó por los pobres y los enfermos.

Muchos empezaron a seguir a Jesús. Los que le siguieron fueron llamados **discípulos**.

Jesús enseñó a los discípulos a amarse y ayudarse unos a otros. Jesús los ayudó a ser una comunidad de creyentes en él.

Jesus Christ Gives Us the Church

WE GATHER

✝ **Leader:** Let us take a quiet moment to listen carefully to a story about Jesus.

📖 Matthew 4:18–22

One day Jesus was walking by the sea. He saw Peter and Andrew catching fish with a net. Jesus called them, and asked them to come follow him. "At once they left their nets and followed him."

(Matthew 4:20)

All: Jesus, we will follow you.

 Name some of your teachers and helpers. How do you follow their example?

WE BELIEVE

Jesus gathered many followers to be his disciples.

Jesus taught people about God the Father's love. He cared for those who were sick and poor.

Many people began to follow Jesus. Those who followed Jesus were called his **disciples**.

Jesus taught the disciples to love and to help one another. Jesus helped them to become a community of people who believed in him.

De esta comunidad, Jesús escogió a doce para ser los líderes. Llamamos a esos doce hombres los **apóstoles**.

Jesús también te invita a ti a seguirle. Escribe tu nombre en la línea.

_____

es un discípulo de Jesús.

Jesús murió y resucitó a una nueva vida.

Jesús contó la buena nueva a todos. No todos creyeron las cosas que, en nombre de Dios, Jesús hizo y dijo. Esas personas dieron muerte a Jesús.

Jesús murió en una cruz. Después su cuerpo fue puesto en una tumba.

Mateo 28:1–6

Temprano en la mañana, algunas mujeres discípulos fueron a visitar la tumba. Un ángel estaba sentado frente a la tumba. El ángel les dijo que Jesús había resucitado de la muerte.

Jesús murió y resucitó para salvarnos del pecado. Que Jesús volviera a vivir después de la muerte es lo que llamamos **resurrección**. Celebramos la resurrección de Jesús en la Pascua.

Vamos a cantar un Aleluya para mostrar nuestro gozo por la resurrección de Jesús.

Como católicos...

Celebramos la resurrección de Jesucristo en la Pascua y cada domingo. En cada misa recordamos que Jesús murió y resucitó a una nueva vida. Recuerda esto durante la misa esta semana.

From this community, Jesus chose twelve disciples to become its leaders. We call these twelve men the **Apostles**.

 Jesus invites you to follow him, too! Write your name on the line.

_____

is a disciple of Jesus.

Jesus died and rose to new life.

Jesus tried to share his Good News with everyone. Some of the people did not believe in the amazing things Jesus said and did in God's name. There were people who wanted to put Jesus to death.

Jesus was put to death on a cross. Then his body was placed in a tomb.

📖 Matthew 28:1–6

Early on Sunday morning, some women disciples of Jesus went to visit the tomb. An angel was sitting in front of the tomb. The angel said that Jesus had risen from the dead.

Jesus died and rose to save us from sin. Jesus' rising from the dead is called the **Resurrection**. We celebrate Jesus' Resurrection on Easter.

🎵 Let us sing Alleluia to show our joy in Jesus' Resurrection.

As Catholics...

We celebrate the Resurrection of Jesus Christ at Easter and on every Sunday of the year. At every Mass we remember that Jesus died and rose to new life. Remember this at Mass this week.

25

Jesús prometió enviar al Espíritu Santo.

Después de resucitar, Jesús visitó a sus discípulos antes de regresar al cielo. El prometió que Dios, Espíritu Santo, vendría a ayudarlos.

Hechos de los apóstoles 2:1–4

Una mañana, los discípulos estaban reunidos. También estaban María, la madre de Jesús, y otras mujeres. De repente, escucharon un ruido como si fuera un viento fuerte. Luego vieron lo que parecía lenguas de fuego sobre las cabezas de cada uno. "Y todos quedaron llenos del Espíritu Santo". (Hechos de los apóstoles 2:4)

Usa la clave para encontrar el día en que el Espíritu Santo vino a los discípulos.

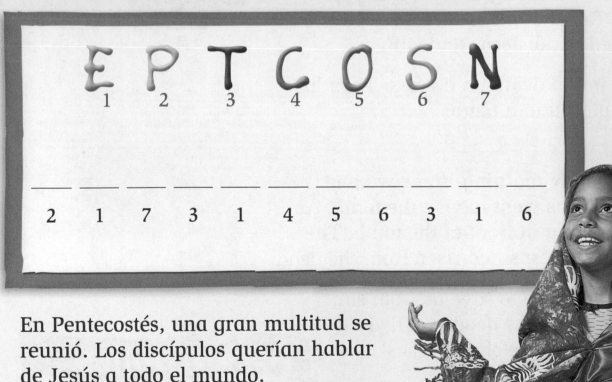

E	P	T	C	O	S	N
1	2	3	4	5	6	7

2   1   7   3   1   4   5   6   3   1   6

En Pentecostés, una gran multitud se reunió. Los discípulos querían hablar de Jesús a todo el mundo.

Pedro habló a la multitud. El les pidió que se bautizaran y recibieran el don del Espíritu Santo. Muchos fueron bautizados ese día.

Jesus promised to send the Holy Spirit.

The risen Jesus visited his disciples before he returned to Heaven. He promised to send the Holy Spirit to help them.

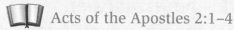 Acts of the Apostles 2:1–4

One morning, the disciples were all together. Mary, the mother of Jesus, and some women were among them. Suddenly, they heard a noise like a strong wind. Then they saw what looked like flames of fire over each of them. "And they were all filled with the holy Spirit." (Acts of the Apostles 2:4)

Use this code to find out what we call the day on which the Holy Spirit came to the disciples.

E P T C O S N
1 2 3 4 5 6 7

___ ___ ___ ___ ___ ___ ___ ___ ___
2 1 7 3 1 4 5 6 3

On Pentecost, a large crowd had gathered. The disciples wanted to tell the people about Jesus.

Peter spoke to the crowd. He asked them to be baptized and receive the Gift of the Holy Spirit. Many people were baptized that day.

27

El Espíritu Santo ayuda a la Iglesia a crecer.

La Iglesia empezó en Pentecostés. La **Iglesia** son todos los bautizados en Jesucristo y que siguen sus enseñanzas.

El Espíritu Santo ayudó a los primeros miembros de la Iglesia a:

- creer en Jesús y a rezar

- ser valientes seguidores de Jesús

- amar a los demás y a ser una comunidad

- enseñar y ayudar a la gente como lo hizo Jesús.

El Espíritu Santo también nos ayuda a vivir como Jesús nos enseñó. El Espíritu Santo nos ayuda a hablar de Jesús a otros.

RESPONDEMOS

Habla sobre algunas de las cosas que hace la Iglesia. Escenifica algo que te gustaría hacer como miembro de la Iglesia.

Vocabulario

discípulos los que siguen a Jesús

apóstoles doce hombres escogidos por Jesús para dirigir la Iglesia

resurrección Jesús vive después de la muerte

Iglesia todos los bautizados en Cristo y que siguen sus enseñanzas

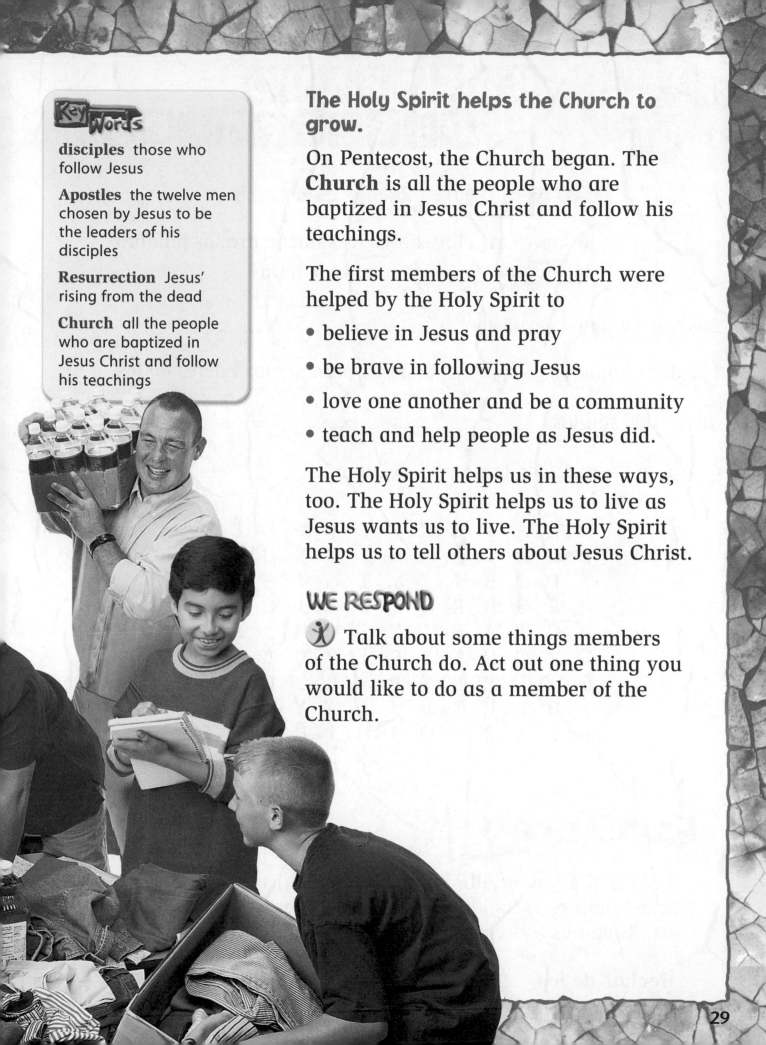

Key Words

disciples those who follow Jesus

Apostles the twelve men chosen by Jesus to be the leaders of his disciples

Resurrection Jesus' rising from the dead

Church all the people who are baptized in Jesus Christ and follow his teachings

The Holy Spirit helps the Church to grow.

On Pentecost, the Church began. The **Church** is all the people who are baptized in Jesus Christ and follow his teachings.

The first members of the Church were helped by the Holy Spirit to

- believe in Jesus and pray
- be brave in following Jesus
- love one another and be a community
- teach and help people as Jesus did.

The Holy Spirit helps us in these ways, too. The Holy Spirit helps us to live as Jesus wants us to live. The Holy Spirit helps us to tell others about Jesus Christ.

WE RESPOND

Talk about some things members of the Church do. Act out one thing you would like to do as a member of the Church.

HACIENDO DISCÍPULOS

Muestra lo que sabes

Resuelve las claves. Después encuentra las palabras del **Vocabulario** en el cuadro de letras.

1. Los que siguen a Jesús son _____.

2. Los doce hombres escogidos por Jesús para ser los líderes de los discípulos son los _____.

3. Que Jesús resucitó de la muerte es llamado _____.

```
K L A I N G B E V F E L R
L O P I K J H J U N U M J
T F O B J I M T N I N I K
R E S U R R E C C I O N S
H G T J H I K I U H J J w
H Y O D I S C I P U L O S
J W L Y R N B T R F C I I
P U E E X V J L M Y G R F
F Y S R W Q J H I U L P L
```

Escritura

En la Biblia hay un libro que cuenta las historias sobre doce hombres escogidos por Jesús para ser los líderes de los discípulos. Adivina el nombre de este libro.

Hechos de los __a__ __ __ __ó__ __ __ __o__ __ __e__ __

PROJECT DISCIPLE

Show What *you* Know

Solve the clues below. Then find the hidden in the word search.

1. Those who follow Jesus are _____.

2. The twelve men chosen by Jesus to be the leaders of his

   disciples are the _____.

3. Jesus' rising from the dead is called the _____.

```
L  E  S  C  Y  T  M  N  W  D  Y  P
U  R  E  R  J  E  S  L  H  F  E  E
F  U  L  M  S  O  H  I  T  O  N  N
Y  A  P  O  S  T  L  E  S  O  C  O
O  D  I  I  E  N  A  M  I  H  E  I
H  X  C  C  D  C  A  E  C  A  B  A
R  E  S  U  R  R  E  C  T  I  O  N
N  I  I  I  R  T  H  Q  L  H  V  R
V  L  D  N  C  H  I  S  M  T  Y  A
```

What's *the* Word?

In the Bible there is a book that tells stories about the twelve men Jesus chose to be the leaders of his disciples. Guess the name of this book.

Acts of the <u>A</u> <u> </u> <u> </u> <u>o</u> <u> </u> <u> </u> <u> </u> <u>e</u> <u> </u>

Hazlo

Termina esta promesa.

Seré un discípulo de Jesús.

Seré amable con _____.

Rezaré por _____.

Enseñaré _____ como sigo a Jesús.

Mostraré _____ como amo a Dios y a los demás.

¿Qué harás?

En el recreo viste que Juana se cayó y se cortó una mano. Estaba llorando. Dibuja o escribe lo que harías como discípulo de Jesús.

Tarea

Conversa con tu familia sobre formas en que los apóstoles y los discípulos se parecen y se diferencian.

↳ **RETO PARA EL DISCÍPULO** Prueba a tu familia. ¿Saben cuántos apóstoles escogió Jesús?

Pray
Learn
Celebrate
Share
Choose
Live

PROJECT DISCIPLE

Make *it* Happen Finish this disciple pledge.

I will be a disciple of Jesus.

I will be kind to _____.

I will pray for _____.

I will teach _____ how I follow Jesus.

I will show _____ how I love God and others.

What Would *you* do?

At recess, you see your friend Jen fall down and hurt her hand. She is crying. Draw or write what you could do as a disciple of Jesus.

Take Home

Talk as a family about ways Apostles and disciples are alike and different.

↳ **DISCIPLE CHALLENGE** Quiz your family members. Do they know how many Apostles Jesus chose?

Celebramos el amor de Dios

NOS CONGREGAMOS

✝ Nos ponemos de pie para rezar.

Grupo 1

"¡Canten al Señor con alegría,
habitantes de toda la tierra!"

Grupo 2

"Reconozcan que el Señor es Dios;
él nos hizo y somos suyos". (Salmo 100:1, 3)

☀ Nombra algunas comunidades a las que perteneces. ¿Qué haces en esos grupos?

CREEMOS

Pertenecemos a la Iglesia Católica.

Perteneces a la comunidad llamada Iglesia Católica. Somos **católicos**. Nos hacemos miembros de la Iglesia cuando somos bautizados. Somos guiados por el papa y los obispos.

Algunas de las cosas que los católicos alrededor del mundo comparten son:

• creer que Jesús es el Hijo de Dios

• creer que Jesús sufrió, murió y resucitó para salvarnos

• que Dios es vida y amor

• que somos llamados a servir a otros como lo hizo Jesús.

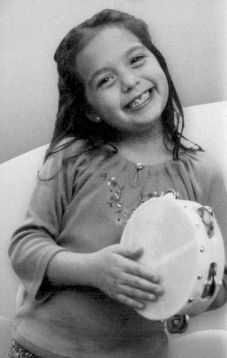

We Celebrate God's Love

WE GATHER

✝ Let us stand to pray.

Group 1

"Shout joyfully to the LORD, all you lands."

Group 2

"Know that the LORD is God,
our maker to whom we belong."

(Psalm 100:1, 3)

 Name communities to which you belong.
What do you do together in these groups?

WE BELIEVE

We belong to the Catholic Church.

We belong to the Church community that is called the Catholic Church. We are **Catholics**. We become members of the Church when we are baptized. We are led and guided by the pope and bishops.

Some of the things that Catholics throughout the world share and celebrate are:

- the belief that Jesus is the Son of God
- the belief that Jesus suffered, died, and rose again to save us
- God's life and love
- a call to help and serve others as Jesus did.

35

Adoramos y trabajamos juntos en comunidades llamadas **parroquias**. Sacerdotes dirigen nuestras comunidades parroquiales. Ellos trabajan con personas de la parroquia. La parroquia satisface las necesidades de todos, en especial los enfermos y los desamparados.

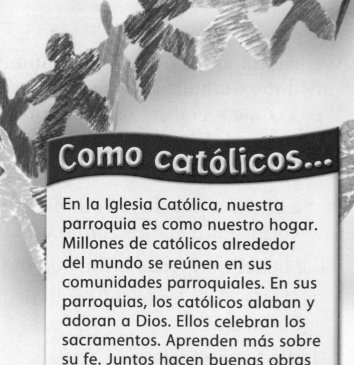 Completa la oración escribiendo el nombre de tu parroquia.

Pertenezco a la parroquia

_____.

Celebramos el amor de Dios rezando y adorando.

Jesús y sus discípulos compartieron y celebraron su fe en Dios. **Fe** es un don de Dios. La fe nos ayuda a confiar en Dios y a creer todo lo que él nos dice.

Los católicos también nos congregamos a celebrar nuestra fe en Dios y su amor. Rendimos **culto** a Dios. Esto quiere decir que le damos gracias y lo alabamos. Cuando nos reunimos a adorar, Dios está con nosotros. Muchas veces alabamos a Dios con palabras de la Escritura:

"¡Canten al Señor con alegría, habitantes de toda la tierra!"
(Salmo 100:1)

Como católicos...

En la Iglesia Católica, nuestra parroquia es como nuestro hogar. Millones de católicos alrededor del mundo se reúnen en sus comunidades parroquiales. En sus parroquias, los católicos alaban y adoran a Dios. Ellos celebran los sacramentos. Aprenden más sobre su fe. Juntos hacen buenas obras por las personas de sus comunidades y del mundo.

We worship and work together in communities called **parishes**. Our parish communities are led and guided by priests. They work with men and women of the parish. The whole parish serves the needs of others, especially the poor, sick, and lonely.

Ⓧ Complete the sentence by writing the name of your parish.

I belong to _____ parish.

Catholics celebrate God's love by praying and worshiping.

Jesus and his disciples often shared and celebrated their faith in God. **Faith** is a gift from God. It helps us to trust God and believe all that he tells us.

Catholics, too, gather to celebrate their faith in God and his love. We **worship** God. This means we give him thanks and praise. When we gather to worship, God is with us. We often praise God with words from Scripture:

"Shout joyfully to the LORD, all you lands." (Psalm 100:1)

37

Nos reunimos como comunidad parroquial todas las semanas en la misa. Celebramos lo que Jesús hizo por nosotros durante su vida, muerte y resurrección. Celebramos que Jesús está siempre con nosotros. Alabamos a Dios el Padre, por medio de su Hijo, Jesucristo, junto con el Espíritu Santo. Dios nos da la fuerza para compartir su gran amor.

Colorea esta palabra que usamos para alabar.

Aleluya

Nuestra Iglesia celebra con siete signos especiales llamados sacramentos.

La Iglesia celebra con signos. Los signos que usa la Iglesia son diferentes de los signos comunes.

Los signos especiales que la Iglesia celebra son los siete sacramentos. Un **sacramento** es un signo especial dado por Jesús. Dios nos hace santos por medio de los sacramentos. Jesús nos dio estos sacramentos para que pudiéramos compartir la vida de Dios.

Nos reunimos como comunidad de la Iglesia para celebrar estos sacramentos. Nos fortalecemos en la fe. Crecemos como seguidores de Jesús.

We gather as a parish community each week at Mass. We celebrate all that Jesus has done for us through his life, his Death, and his Resurrection. We celebrate that Jesus is with us always. We praise God the Father, through his Son, Jesus Christ, together with the Holy Spirit. God gives us the strength to go out and share his great love.

Color this word we use in worship.

Alleluia

Our Church celebrates with seven special signs called sacraments.

The Church celebrates with signs. But the signs the Church uses are different from ordinary signs.

The special signs the Church celebrates are the Seven Sacraments. A **sacrament** is a special sign given to us by Jesus. God makes us holy through the sacraments. Jesus gave us these sacraments so that we can share in God's own life.

We gather as a Church community to celebrate these sacraments. We become stronger in faith. We grow as followers of Jesus.

Jesús está con nosotros en los siete sacramentos.

Por medio del don de la fe de Dios creemos que Jesús está con nosotros. Cada vez que celebramos los sacramentos, Jesús está con nosotros por medio del poder del Espíritu Santo. Los sacramentos nos ayudan a vivir como amigos de Jesús.

Los siete sacramentos

Lee conmigo

Bautismo nos hace hijos de Dios y miembros de la Iglesia. Recibimos al Espíritu Santo por primera vez.

Confirmación nos sella con el don del Espíritu Santo y nos fortalece. La Confirmación nos hace fuertes seguidores de Jesús.

Eucaristía es el sacramento del Cuerpo y la Sangre de Cristo. Recibimos a Jesús mismo en la sagrada comunión.

Penitencia y Reconciliación en este sacramento Dios perdona nuestros pecados. Decimos nuestros pecados al sacerdote. Se nos da el perdón y la paz de Dios.

Unción de los Enfermos es el sacramento para los enfermos y los que están en peligro de muerte. El sacerdote reza para que el enfermo sane en cuerpo, mente y espíritu.

Matrimonio un hombre y una mujer se comprometen a amarse y a ser fieles uno al otro.

Orden Sagrado es el sacramento en que un hombre se hace diácono, sacerdote u obispo. El sirve a la Iglesia guiando al pueblo de Dios.

Vocabulario

católicos miembros bautizados de la Iglesia, dirigidos y guiados por el papa y los obispos

parroquias comunidades que rinden culto y trabajan juntas

fe don de Dios que nos ayuda a confiar y a creer en él

culto alabar y dar gracias a Dios

sacramento signo especial dado por Jesús

RESPONDEMOS

¿Cuál de los siete sacramentos vas a celebrar este año?

Habla con Jesús sobre las formas en que te estás preparando para celebrar estos sacramentos con tu comunidad parroquial.

Jesus is present with us in the sacraments.

Through God's gift of faith, we believe Jesus is with us. Every time we celebrate the sacraments, Jesus is with us through the power of the Holy Spirit. The sacraments help us to live as friends of Jesus.

The Seven Sacraments

Read Along

Baptism We become children of God and members of the Church. We receive the Holy Spirit for the first time.

Confirmation This sacrament seals us with the Gift of the Holy Spirit and strengthens us. Confirmation makes us stronger followers of Jesus.

Eucharist This is the sacrament of the Body and Blood of Christ. We receive Jesus himself in Holy Communion.

Penance and Reconciliation In this sacrament, God forgives our sins. We tell our sins to the priest. We are given God's forgiveness and peace.

Anointing of the Sick This is the sacrament for those who are sick or are in danger of death. The priest prays that they may be healed in body, mind, and spirit.

Matrimony In this sacrament, a man and a woman become husband and wife. They promise to love and be faithful to each other always.

Holy Orders In this sacrament, a man becomes a deacon, a priest, or a bishop. He then serves the Church by leading and guiding God's people.

Catholics baptized members of the Church, led and guided by the pope and bishops

parishes communities that worship and work together

faith a gift from God that helps us to trust God and believe in him

worship to give God thanks and praise

sacrament a special sign given to us by Jesus

WE RESPOND

Which of the Seven Sacraments are you looking forward to celebrating this year?

Talk to Jesus about ways you are getting ready to celebrate these sacraments with your parish community.

HACIENDO DISCIPULOS

Muestra *lo* que sabes

Usa el código para encontrar las palabras del
Di lo que significa cada una.

A	B	C	E	F	I	L	M	N	O	P	Q	R	S	T	U
1	2	3	4	5	6	7	8	9	10	11	12	13	14	15	16

___ ___ ___ ___ ___ ___ ___ ___ ___ ___ ___
5   4   3   1   15   10   7   6   3   10   14

___ ___ ___ ___ ___ ___ ___ ___ ___   ___ ___ ___ ___ ___
11   1   13   13   10   12   16   6   1   14   3   16   7   15   10

___ ___ ___ ___ ___ ___ ___ ___ ___ ___
14   1   3   13   1   8   4   9   15   10

Celebra Completa la tarjeta de miembro.

_____
(tu nombre)

pertenece a la Iglesia Católica.

_____
(tu nombre)

es miembro de la parroquia _____.

PROJECT DISCIPLE

Show What you Know

Use the code to find the Key Words.
Tell what each word means.

A	C	E	F	H	I	L	M	N	O	P	R	S	T	W
1	2	3	4	5	6	7	8	9	10	11	12	13	14	15

___ ___ ___ ___ ___   ___ ___ ___ ___ ___ ___ ___ ___ ___
4   1   6   14 5   2   1   14 5   10 7   6   2   13

___ ___ ___ ___ ___ ___ ___   ___ ___ ___ ___ ___ ___ ___ ___
15 10 12 13 5   6   11   11 1   12 6   13 5   3   13

___ ___ ___ ___ ___ ___ ___ ___ ___
13 1   2   12 1   8   3   9   14

Celebrate! Complete this membership card.

_____
(your name)

belongs to the Catholic Church.

_____
(your name)

is a member of _____ parish.

 Resuelve esta adivinanza.

> Soy un sacramento que es celebrado por un hombre y una mujer.
> Los convierto en marido y mujer.
> **¿Qué sacramento soy?**

_____

Ahora escribe tu propia adivinanza sobre uno de los sacramentos. Pide a un amigo que la adivine.

_____

_____

¿Qué sacramento soy?

_____

Realidad

¿Qué sacramentos han celebrado tus familiares?

❏ Bautismo

❏ Confirmación

❏ Eucaristía

❏ Penitencia y Reconciliación

❏ Unción de los Enfermos

❏ Matrimonio

❏ Orden Sagrado

Tarea

Termina la oración usando las palabras que se encuentran en el cuadro.

Rezar   cantar   ir a misa
actuar como Jesús

Mi forma favorita de adorar a Dios es

_____.

Pide a tus familiares compartir sus formas favoritas de adorar a Dios.

PROJECT DISCIPLE

Make it Happen Solve this riddle.

I am a sacrament that is celebrated by a man and a woman.
I make them husband and wife.
What sacrament am I?

_____

Now write your own riddle about one of the sacraments. Ask a friend to guess it.

_____

_____

What sacrament am I?

_____

Reality Check

Which sacraments have your family members celebrated?

❏ Baptism
❏ Confirmation
❏ Eucharist
❏ Penance and Reconciliation
❏ Anointing of the Sick
❏ Matrimony
❏ Holy Orders

Take Home

Finish the sentence using words from the box.

pray	sing	go to Mass
	act like Jesus	

My favorite way to worship God is to

_____.

Ask your family members to share their favorite ways to worship God.

NOS CONGREGAMOS

✝ La palabra *Amén* es una oración. Cuando la decimos, estamos diciendo "Sí, creo". Vamos a responder: "Amén" a estas oraciones.

Niño: Dios Padre, creemos en ti.

Niña: Dios Hijo, creemos en ti.

Niño: Dios Espíritu Santo, creemos en ti.

 ¿Qué harías para dar la bienvenida a un bebé en tu familia?

CREEMOS

Al bautizarnos nos hacemos hijos de Dios y miembros de la Iglesia.

La familia López está muy feliz. Les nació un bebé. Su nombre es Ana.

Muy pronto Ana pertenecerá a otra familia, la Iglesia Católica. Cuando Ana sea bautizada será hija de Dios y miembro de la Iglesia. Cuando fuimos bautizados también nos hicimos hijos de Dios y miembros de la Iglesia.

We Celebrate Baptism

WE GATHER

✝ The word *Amen* is a prayer. When we pray this word, we are saying "Yes, we believe!" Let us respond "Amen" together after each of these prayers.

Child 1: God the Father, we believe in you.

Child 2: God the Son, we believe in you.

Child 3: God the Holy Spirit, we believe in you.

 What would you do to welcome a new baby to your family?

WE BELIEVE

At Baptism we become children of God and members of the Church.

The López family is very happy! They have just welcomed a new baby into their family. The baby's name is Ana.

Soon Ana will belong to another family, the Catholic Church. In Baptism Ana will become a child of God and a member of the Church. When we were baptized, we became children of God and members of the Church, too.

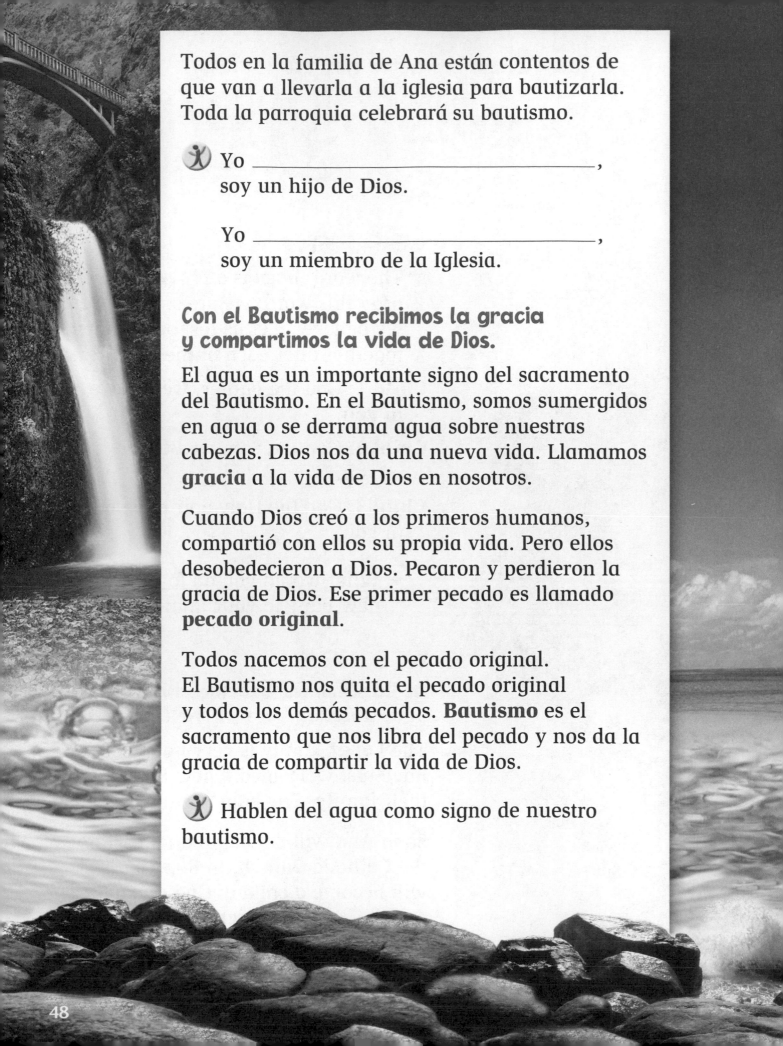

Todos en la familia de Ana están contentos de que van a llevarla a la iglesia para bautizarla. Toda la parroquia celebrará su bautismo.

Yo _____,
soy un hijo de Dios.

Yo _____,
soy un miembro de la Iglesia.

Con el Bautismo recibimos la gracia y compartimos la vida de Dios.

El agua es un importante signo del sacramento del Bautismo. En el Bautismo, somos sumergidos en agua o se derrama agua sobre nuestras cabezas. Dios nos da una nueva vida. Llamamos **gracia** a la vida de Dios en nosotros.

Cuando Dios creó a los primeros humanos, compartió con ellos su propia vida. Pero ellos desobedecieron a Dios. Pecaron y perdieron la gracia de Dios. Ese primer pecado es llamado **pecado original**.

Todos nacemos con el pecado original. El Bautismo nos quita el pecado original y todos los demás pecados. **Bautismo** es el sacramento que nos libra del pecado y nos da la gracia de compartir la vida de Dios.

Hablen del agua como signo de nuestro bautismo.

Everyone in Ana's family is looking forward to bringing the newest member of their family to the parish church for Baptism. The whole parish will celebrate her Baptism.

I, _____,
am a child of God.

I, _____,
am a member of the Church.

At Baptism we receive grace, a share in God's life.

Water is an important sign of the Sacrament of Baptism. In the Sacrament of Baptism, we are placed in water or water is poured over our foreheads. God gives us a new life. We call God's life in us **grace**.

When God made the first man and woman, he let them share in his own life. But they disobeyed God. They sinned and lost their share in God's life. That first sin is called **Original Sin**.

We are all born with Original Sin. Through Baptism, Original Sin and all other sins are taken away. **Baptism** is the sacrament in which we are freed from sin and given grace, a share in God's life.

Talk about why water is a sign of our Baptism.

Celebramos el sacramento del Bautismo con palabras y gestos especiales.

Lee conmigo

- El padre Ramón y la comunidad parroquial se reúnen con la familia.

- El dice a los padres y a los padrinos de Ana que deben ayudar a Ana a crecer en la fe.

- El padre hace la señal de la cruz en la frente de Ana, los padres y padrinos hacen lo mismo. Esta acción muestra que Ana ahora pertenece a Jesús en una forma especial.

- El padre Ramón lee una historia sobre Jesús y habla sobre ella.

- El padre bendice el agua en la pila bautismal.

- El les pregunta a los padres y a los padrinos de Ana si reniegan al pecado y si creen en Dios.

- Después sumerge tres veces a Ana en la pila bautismal. Dice las palabras del Bautismo. Con agua y estas palabras Ana es bautizada:

> Ana, te bautizo en el nombre del Padre, y del Hijo, y del Espíritu Santo.

Cada uno de nosotros fue bautizado con agua y esas mismas palabras.

 ¿Qué crees que pasó durante tu bautismo?

We celebrate the Sacrament of Baptism with special words and actions.

Read Along

- Father Ramón and the parish community greeted the family.

- Father told Ana's parents and godparents that they should help Ana to keep growing in faith.

- Father traced the sign of the cross on Ana's forehead. Ana's parents and godparents did this also. This action showed that Ana now belonged to Jesus in a special way.

- Father Ramón read a story about Jesus. Father talked about the story.

- Father blessed the water in the baptismal pool.

- Father asked Ana's parents and godparents whether they reject sin and believe in God.

- Father placed Ana in the water of the baptismal pool three times. He said the words of Baptism. It was with water and these words that Ana was baptized:

> Ana, I baptize you in the name of the Father,
> and of the Son,
> and of the Holy Spirit.

Each of us was baptized with water and these same words.

 What do you think happened at your Baptism?

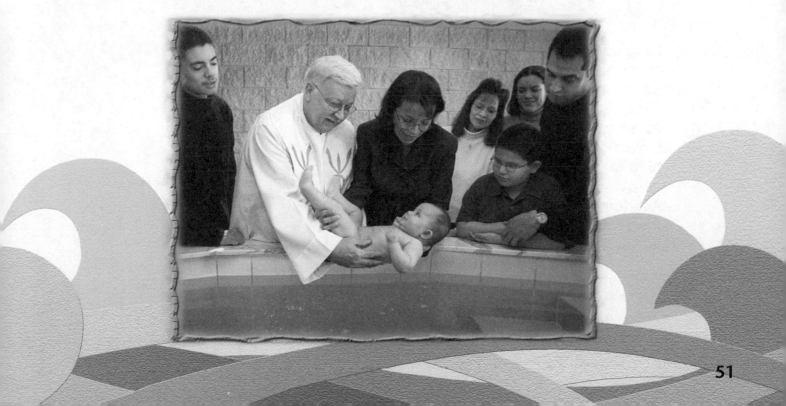

Podemos mostrar que somos hijos de Dios con lo que hacemos y decimos.

Las siguientes palabras y gestos son parte de la celebración del bautismo de Ana.

Lee conmigo

- El padre Ramón viste de blanco a Ana. El dice: Este vestido muestra que Ana es amiga y sigue a Cristo.

- La madrina de Ana enciende una pequeña vela en el cirio pascual. El padre pide a los padres y a los padrinos de Ana que mantengan la luz de Cristo encendida en su vida.

- El padre invita a todos a rezar el Padrenuestro.

- El padre bendice a todos los presentes.

Estas son las palabras y los gestos de tu bautismo.

RESPONDEMOS

 ¿Qué harás y dirás para compartir la luz de Cristo con otros?

Vocabulario

gracia la vida de Dios en nosotros

pecado original primer pecado cometido por los primeros humanos desobedeciendo a Dios

Bautismo sacramento que nos libera del pecado y nos da la gracia

Como católicos...

Los padrinos son personas muy especiales. Son escogidos por los padres para bautizar a sus hijos. Ellos tienen un papel especial en este sacramento. Se comprometen a ayudar a los padres a enseñar al niño la fe católica. Ellos ayudan al niño a vivir como amigo de Jesús. Ayudan al niño a amar a Dios y a los demás.

We can show that we are children of God by what we say and do.

The following words and actions were also a part of the celebration of Ana's Baptism in her parish.

Read Along

- Father Ramón put a white garment on Ana. He said that the white garment showed that Ana was a friend and follower of Jesus.

- Ana's godmother went to the large Easter candle by the baptismal pool. She lit a smaller candle for Ana from it. Father told Ana's parents and godparents to help keep the light of Christ burning in Ana's life.

- Father Ramón invited everyone to pray the Our Father together.

- Father blessed the family and everyone in church.

These same words and actions were part of the celebration of your Baptism.

WE RESPOND

What will you do and say to share the light of Christ with others?

grace God's life in us

Original Sin the first man and woman disobeyed God; the first sin

Baptism the sacrament in which we are freed from sin and given grace

As Catholics...

Godmothers and godfathers are very special people. They are chosen by the parents of the child being baptized. They have a special role in this sacrament. They agree to help the parents teach the child about their Catholic faith. The godparents help the child to live as a friend of Jesus. They help the child to love God and others.

HACIENDO DISCIPULOS

Muestra *lo* que sabes

Completa el crucigrama con las palabras del *Vocabulario*.

1 Horizontal: La vida de Dios en nosotros

2 Vertical: El sacramento en que somos librados del pecado y se nos da la gracia

3 Horizontal: El primer pecado es llamado pecado _____.

Exprésalo

Escribe lo que está pasando en cada una de las fotos del bautismo de Ana.

_____   _____   _____

_____   _____   _____

Show What *you* Know

Complete the crossword puzzle with Key Words.

1 Across: God's life in us

2 Down: The sacrament in which we are freed from sin and given grace

3 Across: The first sin is called

_____ Sin.

Picture This

Write what is happening in each photo from Ana's Baptism.

_____   _____

_____   _____

Haz lo

Diseña una tarjeta para alguien que ha sido bautizado recientemente. Puedes dibujar o escribir.

Datos

La vida de Dios en nosotros es llamada gracia. Porque la gracia de Dios es tan importante para nosotros, muchas personas llaman Gracia a sus hijas. 92,000 bebés fueron llamadas Gracia en los últimos diez años en los Estados Unidos.

(Administración del seguro social, 2008)

Tarea

Entrevista a tus padres o padrinos de bautismo. Escribe las preguntas que les harás aquí.

_____

_____

_____

Make it Happen

Design a card for someone who has just been baptized. Use words and pictures.

Fast Facts

God's life in us is called grace. Because God's grace is so important to us, many people name their babies Grace. More than 92,000 baby girls have been named Grace in the past ten years.

(Social Security Administration, 2008)

Take Home

Interview your parents or godparents about your Baptism. Write the questions you will ask them.

_____

_____

_____

NOS CONGREGAMOS

✝ Ven, Espíritu Santo,
llena los corazones de tus fieles
y enciende en ellos
el fuego de tu amor.

 Cuenta lo que pasó en Pentecostés.

CREEMOS

Celebramos el don del Espíritu Santo en el sacramento de la Confirmación.

Jesús prometió enviar al Espíritu Santo a los apóstoles para que los ayudara. El Espíritu Santo ayudó a los discípulos a recordar todo lo que Jesús hizo y dijo.

El Espíritu Santo llenó a los discípulos de valor y fe. Empezaron a hablar a todos sobre Jesús. Contaron que Jesús había muerto y que había resucitado por nosotros.

Los apóstoles bautizaron a muchas personas. Ellos imponían sus manos sobre las personas que querían recibir el Espíritu Santo. Querían que tuvieran una fe firme y que cuidaran de las necesidades de todos.

🏃 Habla de las formas en que el Espíritu Santo ayudó a los primeros discípulos de Jesús.

We Celebrate Confirmation

WE GATHER

✝ Come, Holy Spirit,
fill the hearts of your faithful people
and kindle in us
the fire of your love.

 Tell what happened on Pentecost.

WE BELIEVE

We celebrate the Gift of the Holy Spirit in the Sacrament of Confirmation.

Jesus promised to send the Holy Spirit to the Apostles and other disciples to be their helper. The Holy Spirit helped the disciples to remember everything Jesus had said and done.

The Holy Spirit filled the disciples with courage and faith. They began to tell everyone about Jesus. The disciples told everyone Jesus died for us and rose to new life.

The Apostles baptized many people. They laid their hands on people so that they too might receive the Holy Spirit. They wanted them to be strong in faith and to care for one another's needs.

Talk about ways the Holy Spirit helped Jesus' first disciples.

El Espíritu Santo es Dios, la tercera Persona de la Santísima Trinidad. Fue enviado por el Padre y Jesús para ayudar y guiar a la Iglesia. El Espíritu Santo está con nosotros hoy. Celebramos el don del Espíritu Santo en el sacramento de la Confirmación.

La Iglesia usa una llama de fuego para recordarnos al Espíritu Santo. Igual que el fuego, el Espíritu Santo nos ilumina, nos da calor y energía.

La Confirmación nos sella con el don del Espíritu Santo y nos fortalece.

Los sacramentos del Bautismo y la Confirmación son como socios. El Bautismo nos hace hijos de Dios y miembros de la Iglesia. Cada uno de nosotros recibe el Espíritu Santo cuando somos bautizados. La **Confirmación** es el sacramento que nos sella con el don del Espíritu Santo y nos fortalece.

Usa un lápiz de color rojo y traza sobre los círculos. Explica lo que muestra el dibujo.

Bautismo Confirmación

Espíritu Santo

The Holy Spirit is God, the Third Person of the Blessed Trinity. The Holy Spirit was sent by the Father and Jesus to help and guide the Church. The Holy Spirit is still with us today. We celebrate the Gift of the Holy Spirit in the Sacrament of Confirmation.

The Church often uses a picture of fire or a flame to remind us of the Holy Spirit. Like fire, the Holy Spirit gives us light, warmth, and energy.

Confirmation seals us with the Gift of the Holy Spirit and strengthens us.

The Sacraments of Baptism and Confirmation are like partners. Baptism makes us children of God and members of the Church. Each of us received the Holy Spirit when we were baptized. **Confirmation** is the sacrament that seals us with the Gift of the Holy Spirit and strengthens us.

Use a red crayon to trace over the circles. Talk about what the drawing shows.

Baptism Confirmation

Holy Spirit

La parroquia reza por los que se van a confirmar. La comunidad se reúne para la celebración del sacramento.

Generalmente un obispo viene a la parroquia para confirmar. Algunas veces el obispo asigna a un sacerdote para confirmar.

Celebramos el sacramento de la Confirmación con palabras y gestos especiales.

En la Confirmación somos ungidos con aceite. Esto muestra que somos elegidos para trabajar para Dios. Muestra que el Espíritu Santo está con nosotros. Un padrino nos ayuda a preparar para la Confirmación.

Lee conmigo

El obispo habla con la gente sobre la fe. Los llama a servirse unos a otros. Después el obispo y los sacerdotes presentes extienden sus manos sobre los que van a recibir el sacramento. El obispo reza para que el Espíritu Santo los fortalezca con dones especiales.

El obispo unta su pulgar derecho en el óleo, llamado santo crisma. El traza una cruz con el santo crisma en la frente de cada confirmado.

Hacer la señal de la cruz con aceite es llamado unción con santo crisma. El obispo dice:
"(Nombre) recibe por esta señal el don del Espíritu Santo".
La persona responde: "Amén".
Después el obispo dice:
"La paz sea con ustedes".
Los confirmados responden:
"Y con tu espíritu".

Como católicos...

La semana antes de la Pascua de Resurrección es llamada semana santa. Todos los años el obispo bendice los aceites en esta semana. Los aceites son enviados a las parroquias de la diócesis. Uno de esos aceites es llamado *crisma*. Es usado para ungir en los sacramentos del Bautismo, la Confirmación y el Orden Sagrado.

¿Cuándo fuiste ungido con crisma?

The parish community prays for the people about to be confirmed. The community gathers with them for the celebration of the sacrament.

Most often a bishop comes to the parish to confirm people. Sometimes the bishop appoints a priest to do the confirming.

We celebrate the Sacrament of Confirmation with special words and actions.

At Confirmation we are anointed with oil. This shows that we are set apart to do God's work. It shows that the Holy Spirit is with us. A person called a sponsor helps us as we get ready for Confirmation.

Read Along

The bishop talks with the people about their faith. He calls them to serve others. Then the bishop and priests who are present stretch out their hands over those receiving the sacrament. The bishop prays that the Holy Spirit will strengthen them with special gifts.

The bishop dips his right thumb in blessed oil called Sacred Chrism. He traces a cross on each person's forehead with the Sacred Chrism.

We call tracing the cross with oil the anointing with Sacred Chrism. The bishop prays,
"(Name), be sealed with the Gift of the Holy Spirit." The person responds, "Amen."
Then the bishop says,
"Peace be with you."
Those who were confirmed say,
"And also with you."

As Catholics...

The week before Easter is called Holy Week. Each year during Holy Week, the bishop blesses three oils of the Church. The oils are given to all the parishes that make up the diocese. One blessed oil is called *Sacred Chrism*. It is used for anointing in the Sacraments of Baptism, Confirmation, and Holy Orders.

When were you anointed with Sacred Chrism?

El Espíritu Santo ayuda a los católicos bautizados y confirmados.

El Espíritu Santo ayuda a los católicos bautizados y confirmados a:

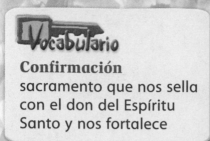

- Amar a Dios y unos a otros como Jesús enseñó.

- Alabar a Dios y celebrar los sacramentos.

- Tratarse con respeto.

- Preocuparse por los pobres, los enfermos y los que sufren.

- Ser justos.

- Ser trabajadores de la paz.

- Ser felices con lo que Dios nos ha dado.

- Vivir la fe.

- Defender sus creencias.

RESPONDEMOS

🏃 Selecciona de la lista las acciones que puedes hacer fácilmente. Subraya las que son difíciles. Decide hacer una hoy.

🎵 **Ven, Espíritu Santo**

Ven, Espíritu Santo, luz divina del cielo.
Entra al fondo del alma y ofrécenos tu consuelo.
Eres nuestro descanso cuando es tanto el trabajo;
eres gozo eterno, lleno de amor y bondad.

64

Key Words

Confirmation the sacrament that seals us with the Gift of the Holy Spirit and strengthens us

The Holy Spirit helps baptized Catholics and confirmed Catholics.

The Holy Spirit helps Catholics who have been baptized and Catholics who have been confirmed to do the following things.

• Love God and others as Jesus taught.

• Worship God and celebrate the sacraments.

• Treat others with respect.

• Care for those who are poor, hungry, or sick.

• Be fair.

• Be peacemakers.

• Be happy with all that God has given them.

• Live out their faith.

• Stand up for what they believe.

WE RESPOND

Check the actions on the list that are easy for you to do. Underline the difficult ones. Then decide to do one today.

♫ **Make Us Strong**
(My Darling Clementine)

Holy Spirit, Holy Spirit,
Holy Spirit, make us strong,
So that we can follow Jesus
And bring God's love to everyone.

Muestra *lo* que sabes

Usa las palabras del **Vocabulario** para terminar este importante mensaje.

La _____ _____

_____ _____ muestra que el

Espíritu Santo está con nosotros en la _____.

Confirmación

unción con santo crisma

Compártelo.

Escritura

"Todos quedaron llenos del Espíritu Santo".

(Hechos de los apóstoles 2:4)

Recuerda las formas en que el Espíritu Santo ayudó a los discípulos. Piensa en formas en que el Espíritu Santo nos ayuda hoy.

Show What *you* Know

Use the word bank to finish this important message.

| Confirmation |
| anointing with Sacred Chrism |

The _____ _____

_____ _____ shows that the

Holy Spirit is with us at _____.

Now, pass it on!

What's *the* Word?

At Pentecost, the disciples were "all filled with the holy Spirit" (Acts of the Apostles 2:4).

Remember the ways the Holy Spirit helped the disciples. Think about the ways the Holy Spirit helps us today, too.

 **Haz** *lo*

Diseña un cuadro para enseñar a otros sobre la Confirmación. Planifícalo aquí.

¿Qué dibujos harás en tu cuadro?

¿Qué palabras usarás en tu cuadro?

Cuando termines tu cuadro, ponlo en tu salón de clase o en tu casa para compartirlo con los demás.

Realidad ✓

Chequea las cosas que el Espíritu Santo ayuda a los bautizados y confirmados a hacer.

- ❏ A ser egoísta
- ❏ A jugar con justicia
- ❏ A amar a Dios y a los demás
- ❏ A respetar a los demás
- ❏ A mentir
- ❏ A enseñar a otros sobre Jesús

Tarea ➤

La Iglesia enseña que debemos apreciar el trabajo de toda persona. Conversa sobre el tipo de trabajo que hacen tus familiares.

↳**RETO PARA EL DISCIPULO** Conversen sobre las formas en que el trabajo de los miembros de tu familia puede predicar sobre el mensaje del amor de Dios.

Make it Happen

Design a poster to teach others about Confirmation. Plan it here.

What pictures will be on your poster?

What words will be on your poster?

When your poster is complete, display it in your classroom or home to share it with others.

Reality Check

Check the things the Holy Spirit helps baptized and confirmed Catholics to do.

❑ Be selfish
❑ Play fairly
❑ Love God and others
❑ Respect others
❑ Tell lies
❑ Teach others about Jesus

Take Home

The Church teaches that we should appreciate the work every person does. Talk about the kind of work the members of your family do.

↳ **DISCIPLE CHALLENGE** Talk about the ways each family member's work can spread the message of God's love.

El año litúrgico

| Adviento | Navidad | Tiempo Ordinario | Cuaresma | Tres Días | Tiempo de Pascua | Tiempo Ordinario |

El año litúrgico nos ayuda a seguir a Jesús.

NOS CONGREGAMOS

¿Qué quiere decir seguir a Jesús? Nombra algunas formas en que puedes seguir a Jesús.

CREEMOS

Todo el año nos reunimos en nuestra parroquia a adorar. Juntos celebramos la Eucaristía y otros sacramentos.

El año de la Iglesia está compuesto de estaciones especiales llamadas tiempos litúrgicos. Durante los diferentes tiempos crecemos en amor a Jesús. Crecemos como sus seguidores.

Jesús dice: "Sígueme".

Marcos 2:14

The Church Year

| Advent | Christmas | Ordinary Time | Lent | Three Days | Easter | Ordinary Time |

The Church year helps us to follow Jesus.

WE GATHER

What does it mean to follow Jesus? Name some ways you follow Jesus.

WE BELIEVE

All during the year, we gather with our parish to worship. Together we celebrate the Eucharist and the other sacraments.

The Church year is made up of special times called seasons. During the different seasons, we grow in love for Jesus. We grow as his followers.

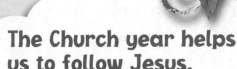
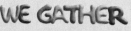

Jesus said, "Follow me."

Mark 2:14

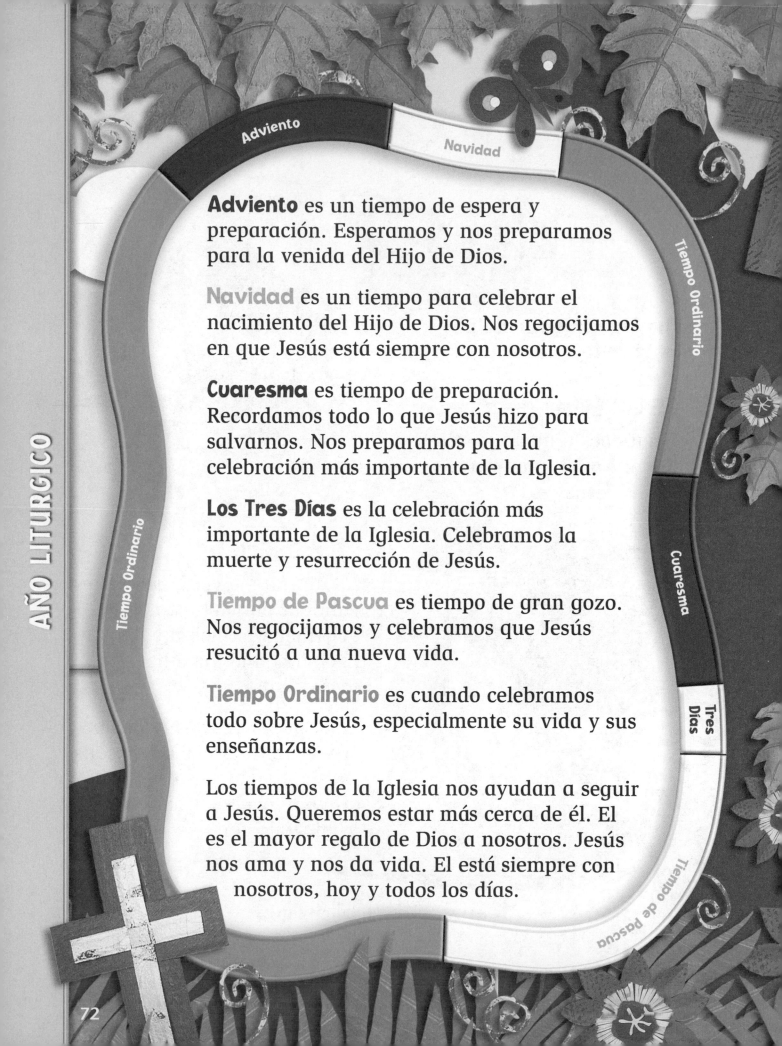

Adviento

Navidad

Tiempo Ordinario

Tiempo Ordinario

Cuaresma

Tres Días

Tiempo de pascua

Adviento es un tiempo de espera y preparación. Esperamos y nos preparamos para la venida del Hijo de Dios.

Navidad es un tiempo para celebrar el nacimiento del Hijo de Dios. Nos regocijamos en que Jesús está siempre con nosotros.

Cuaresma es tiempo de preparación. Recordamos todo lo que Jesús hizo para salvarnos. Nos preparamos para la celebración más importante de la Iglesia.

Los Tres Días es la celebración más importante de la Iglesia. Celebramos la muerte y resurrección de Jesús.

Tiempo de Pascua es tiempo de gran gozo. Nos regocijamos y celebramos que Jesús resucitó a una nueva vida.

Tiempo Ordinario es cuando celebramos todo sobre Jesús, especialmente su vida y sus enseñanzas.

Los tiempos de la Iglesia nos ayudan a seguir a Jesús. Queremos estar más cerca de él. El es el mayor regalo de Dios a nosotros. Jesús nos ama y nos da vida. El está siempre con nosotros, hoy y todos los días.

Advent is a season of waiting and preparing. We wait and get ready for the coming of the Son of God.

Christmas is a time to celebrate the birth of the Son of God. We rejoice that Jesus is with us always.

Lent is a season of preparing. We remember all that Jesus did to save us. We get ready for the Church's greatest celebration.

The Three Days are the Church's greatest celebration. We celebrate Jesus' Death and Resurrection.

Easter is a time of great joy. We rejoice and celebrate that Jesus rose to new life.

Ordinary Time is when we celebrate everything about Jesus, especially his life and teachings.

The seasons of the Church year help us to follow Jesus. We want to grow closer to Jesus. He is God's greatest gift to us. Jesus loves us and gives us life. He is always with us. He is here, today and every day.

Advent

Christmas

Ordinary Time

Lent

Three Days

Easter

Ordinary Time

RESPONDEMOS

 Cada tiempo del año litúrgico tiene un color especial. Colorea el camino para seguir a Jesús durante los tiempos litúrgicos. En la línea, escribe: "Jesús, te seguiré". Después pon una X al lado del tiempo del año litúrgico que estamos celebrando ahora.

_____

Adviento | **Navidad** | **Tiempo Ordinario** | **Cuaresma** | **Tres Días** | **Tiempo de Pascua** | **Tiempo Ordinario**

✝ Respondemos en oración

Líder: Seguiremos a Jesús durante el año litúrgico. Recordamos que Jesús está siempre con nosotros. Pedimos para que podamos seguirlo siempre.

Todos: Amén.

JESUS

74

WE RESPOND

Each season of the Church year has a special color. Color the Church-year time line to follow Jesus through the seasons. On the line write, "Jesus, I will follow you." Then put an X on the part of the time line to show the season you are celebrating now.

Advent   Christmas   Ordinary Time   Lent   Three Days   Easter   Ordinary Time

✝ We Respond in Prayer

Leader: We will follow Jesus through the Church year. We remember that Jesus is with us always. May we always follow him!

All: Amen.

HACIENDO DISCIPULOS

En cada espacio haz un dibujo sobre el tiempo litúrgico. Cubre cada espacio con un pedazo de papel. Después jueguen a ver que recuerdan.

Los Tres Días	Cuaresma	Pascua
Adviento	Navidad	Tiempo Ordinario
Pascua	Los Tres Días	Cuaresma
Navidad	Adviento	Tiempo Ordinario

Realidad

Escribe tres formas en que puedes seguir a Jesús durante el año litúrgico.

_____

_____

_____

Tarea

Para jugar con tu familia a recordar los tiempos litúrgicos túrnense para encontrar un par de tiempos.

↳ **RETO PARA EL DISCIPULO**
Cuando encuentren un par, nombra algo que haces para celebrar ese tiempo.

PROJECT DISCIPLE

Celebrate!

Draw a picture in each space to tell about the Church season. Cover each space with a scrap of paper. Then play a memory game.

The Three Days	Lent	Easter
Advent	Christmas	Ordinary Time
Easter	The Three Days	Lent
Christmas	Advent	Ordinary Time

Reality Check

Write three ways that you can follow Jesus through the Church year.

_____

_____

_____

Take Home

Play your memory game with a family member. Take turns to find matching pairs of seasons.

↳ **DISCIPLE CHALLENGE**
When you find a matching pair, name something you do to celebrate that season.

Tiempo Ordinario

Adviento Navidad Tiempo Ordinario Cuaresma Tres Días Tiempo de Pascua Tiempo Ordinario

Durante el Tiempo Ordinario celebramos a Jesucristo y aprendamos a seguirlo.

NOS CONGREGAMOS

¿Qué cosas pones en orden?
¿Cómo las ordenas?

CREEMOS

¿Qué celebramos durante el Tiempo Ordinario? Celebramos a Jesucristo. Recordamos y aprendemos sobre su vida, muerte y resurrección. Celebramos todo acerca de Jesucristo.

Es llamado Tiempo Ordinario porque la Iglesia ordena los domingos en orden numérico.

El Tiempo Ordinario sucede dos veces al año. La primera, entre Navidad y Cuaresma y la segunda, entre Pascua y Adviento. El color para este tiempo es verde.

"Diariamente te bendeciré;
alabaré tu nombre por siempre".
Salmo 145:2

Ordinary Time

Advent Christmas Ordinary Time Lent Three Days Easter Ordinary Time

In Ordinary Time, we celebrate Jesus Christ and learn to follow him.

WE GATHER

What are some things that you put in order? How do you put them in order?

WE BELIEVE

What do we celebrate in Ordinary Time? We celebrate Jesus Christ and everything about him! We remember and learn about his whole life, Death, and Resurrection.

This season is called Ordinary Time because the Church puts the Sundays in number order.

The season of Ordinary Time comes twice each year. It comes between Christmas and Lent; then between Easter and Advent. The special color of Ordinary Time is green.

"Every day I will bless you; I will praise your name forever."

Psalm 145:2

Durante este tiempo:

- aprendemos más sobre Jesús

- escuchamos sus enseñanzas leídas de la Biblia

- aprendemos como seguir a Jesús diariamente.

Mira las ilustraciones en estas páginas. ¿Qué muestra cada una acerca de Jesús? ¿Qué muestra cada una sobre sus enseñanzas?

El día más especial de todos durante el año es el domingo. Jesús resucitó un domingo.

Los domingos nos reunimos en nuestra parroquia para celebrar la misa. Escuchamos la palabra de Dios y recibimos la Eucaristía. Cada domingo aprendemos más sobre Jesús y nos acercamos más a él. Descansamos. Pasamos tiempo con nuestros familiares y amigos.

During Ordinary Time, we:

- learn more about Jesus

- listen to his teachings read from the Bible

- learn how to follow Jesus in our everyday lives.

Look at the pictures on these pages. What does each one show you about Jesus? What does each one show about his teachings?

All through the year, the most special day of the week is Sunday. Jesus rose from the dead on a Sunday.

On Sundays we gather with our parish to celebrate Mass. We listen to the Word of God and receive the Eucharist. Every Sunday, we learn more about Jesus and grow closer to him. We rest from work. We spend time with family and friends.

RESPONDEMOS

Haz una historia en un cartel mostrando lo que tu familia puede hacer los domingos del Tiempo Ordinario.

✝ Respondemos en oración

Líder: Durante el Tiempo Ordinario también celebramos días especiales en honor a María, la madre de Jesús y madre nuestra. Uno de esos días es el 7 de octubre, día de Nuestra Señora del Rosario.

Lado 1: Dios te salve María, llena eres de gracia; el Señor es contigo; bendita eres entre todas las mujeres, y bendito es el fruto de tu vientre, Jesús.

Lado 2: Santa María, Madre de Dios, ruega por nosotros pecadores, ahora y en la hora de nuestra muerte.

Todos: Amén.

🎵 **Salmo 39: Aquí estoy, Señor**

Esperaba con ansia al Señor:
se inclinó y escuchó mi grito;
me dio un cántico nuevo,
un himno a nuestro Dios.

WE RESPOND

Make a story board to show what your family can do on Sundays in Ordinary Time.

✝ We Respond in Prayer

Leader: In Ordinary Time, we also celebrate special days in honor of Mary, the mother of Jesus and our mother. One of these days is the Feast of Our Lady of the Rosary on October 7.

Side 1: Hail Mary, full of grace, the Lord is with you! Blessed are you among women, and blessed is the fruit of your womb, Jesus.

Side 2: Holy Mary, Mother of God, pray for us sinners, now and at the hour of our death.

All: Amen.

🎵 **Yes, We Will Do What Jesus Says**

Mary said, "Do what Jesus tells you."
Mary said, "Do what Jesus says."
Yes, we will do what Jesus tells us,
yes, we will do what Jesus says.

HACIENDO DISCIPULOS

Consulta

¿Cuál es tu forma favorita de celebrar el Tiempo Ordinario? Subráyala.

- Aprender sobre Jesús
- Escuchar historias bíblicas sobre Jesús
- Rezar a Jesús todos los días
- Celebrar la misa en mi parroquia

Añade otras: _____

_____

Datos

Este es un símbolo de María. La M quiere decir María y Madre. Hay una cruz sobre la M. Esta nos recuerda que honramos a María por ser la madre de Jesús.

Colorea este símbolo de María.

Tarea

Prueba el conocimiento que los miembros de tu familia tienen del Tiempo Ordinario.

¿Cuál es el color del Tiempo Ordinario?

¿Qué celebramos en el Tiempo Ordinario?

¿Por qué le llamamos ordinario?

PROJECT DISCIPLE

Pray
Learn
Celebrate
Share
Choose
Live

Question Corner

What is your favorite way to celebrate Ordinary Time? Underline it.

- learn more about Jesus
- listen to Bible stories about Jesus
- pray to Jesus everyday
- celebrate with my parish at Mass

Add another way: _____

_____

Fast Facts

Here is a sign for Mary. The M stands for Mary and for mother. There is a cross in the M. This reminds us that we honor Mary because she is the mother of Jesus.

Color this sign for Mary.

Take Home

Test your family members' knowledge of Ordinary Time. Give them this quiz.

What is the special color of Ordinary Time?

What do we celebrate in Ordinary Time?

Why is Ordinary Time called ordinary?

Aprendemos sobre el amor de Dios

8

NOS CONGREGAMOS

✝ **Líder:** Nos reunimos a escuchar a Dios.

Lector: Dios dice:
"Yo soy el Señor tu Dios;
yo te enseño lo que es para tu bien,
yo te guío por el camino que
debes seguir". (Isaías 48:17)

Todos: Dios, ayúdanos a recordar
todas las cosas buenas que nos
enseñas. Ayúdanos a seguir tu
manera de amar.

 ¿Qué tipo de libros te gusta leer?

CREEMOS

La Biblia es el libro de la palabra de Dios.

Dios siempre ha querido que lo amemos
y lo conozcamos. El también quiere que
hablemos a otros sobre él.

Hace mucho tiempo, el Espíritu Santo
ayudó a algunas personas a escribir
sobre el amor de Dios. Diferentes
escritores escribieron en diferentes
formas. Algunos escribieron historias,
otros poemas. Otros escribieron sobre
eventos y personas.

WE GATHER

✝ **Leader:** Let us gather to listen to God's Word.

Reader: God said,
"I, the LORD, your God,
teach you what is for
your good,
and lead you on the way
you should go." (Isaiah 48:17)

All: God, help us to remember all the good things you teach us. Help us to follow your ways of love.

 What kind of books do you like?

WE BELIEVE

The Bible is the book of God's Word.

God has always wanted us to know and love him. He wants us to tell others about him, too.

Long ago the Holy Spirit helped certain people to write about God's love. Different writers wrote in different ways. Some wrote stories or poems. Some wrote about people and events.

Estos escritos fueron recogidos en un gran libro que llamamos la Biblia. Dios, Espíritu Santo, guió a esas personas a escribir la Biblia. La **Biblia** es el libro en el que está escrita la palabra de Dios.

Cuando leemos la Biblia aprendemos:

- lo que Dios nos ha dicho sobre sí mismo y su amor

- lo que Dios quiere que hagamos para vivir como sus hijos.

Dibuja un forro para la Biblia. Debes mostrar que la Biblia es un libro especial sobre el amor de Dios.

El Antiguo Testamento es la primera parte de la Biblia.

La Biblia tiene dos partes. La primera es llamada **Antiguo Testamento**. En esta parte aprendemos sobre el pueblo de Dios que vivió antes de Jesús. Leemos sobre las muchas cosas maravillosas que Dios hizo por su pueblo. Leemos sobre las formas en que Dios mostró amor especial por ellos. También aprendemos como ellos mostraron amor por Dios.

Como católicos...

También llamamos Sagrada Escritura a la Biblia. La palabra *sagrado* significa "santo". La palabra *escritura* se deriva de una palabra que significa "escrito".

Colocamos la Biblia en un lugar especial en nuestras casas y en las iglesias. Juntos busquen un lugar especial en el aula para colocar la Biblia.

These writings were put into one large book called the Bible. God the Holy Spirit guided the people who wrote the Bible. So the **Bible** is the book in which God's Word is written.

When we read the Bible we learn:

- what God has told us about himself and his love
- what God wants us to do to live as his children.

 Draw a cover for the Bible. It should show that the Bible is a very special book about God's love.

The Old Testament is the first part of the Bible.

The Bible has two parts. The first part is called the **Old Testament**. In this part we learn about God's people who lived before Jesus' time on earth. We read about the many wonderful things God did for his people. We read about the ways God showed special love for them. We also learn how they showed their love for God.

As Catholics...

We also call the Bible Sacred Scripture. The word *sacred* means "holy." The word *Scripture* comes from a word that means "writings."

We keep the Bible in a special place in our homes and churches. Together make a special place in your classroom for the Bible.

En el Antiguo Testamento leemos sobre la vida de muchas personas. Una de ellas fue David. David fue un pastor. Dios estaba contento con David. Dios amó mucho a David. Dios lo escogió para ser rey.

David mostró su gran amor por Dios alabándolo. David dijo: "¡Qué grandeza la tuya!" (2 Samuel 7:22)

 Hablen sobre las formas en que David mostró amor a Dios. Reza las oraciones o las alabanzas de David.

El Nuevo Testamento es la segunda parte de la Biblia.

Lucas 4:42–43

Una mañana una multitud llegó a ver a Jesús. Trataban de impedir que saliera del pueblo. Jesús dijo: "También tengo que anunciar las buenas noticias del reino de Dios a los otros pueblos, porque para esto fui enviado".
(Lucas 4:43)

Esta lectura es tomada de uno de los libros de la segunda parte de la Biblia, el **Nuevo Testamento**. El Nuevo Testamento es sobre Jesucristo, sus discípulos y la Iglesia.

Los cuatro primeros libros del Nuevo Testamento son llamados **evangelios**. Hablan de la vida y las enseñanzas de Jesús en la tierra.

In the Old Testament we learn about the lives of many people. One of the people we read about is David. David was a shepherd. God was pleased with David. God loved David very much. God chose David to become king.

David showed his great love for God by praising him. David said, "Great are you, Lord GOD!" (2 Samuel 7:22)

Talk about ways David showed his love for God. Pray David's prayer of praise.

The New Testament is the second part of the Bible.

Luke 4:42–43

One morning a crowd went to see Jesus. They tried to stop him from leaving their town. But Jesus said, "To the other towns also I must proclaim the good news of the kingdom of God, because for this purpose I have been sent." (Luke 4:43)

This reading is from the second part of the Bible. The second part of the Bible is the **New Testament**. The New Testament is about Jesus Christ, his disciples, and the Church.

Four of the books in the New Testament are called the **Gospels**. They are about Jesus' teachings and his life on earth.

La palabra *evangelio* significa "buena nueva". Aprendemos la buena nueva de Jesucristo en los evangelios.

- Dios es nuestro padre quien nos ama y perdona.

- Jesús está siempre con nosotros. El nos enseña como amar y hacer el bien.

- El Espíritu Santo nos ayuda y nos guía.

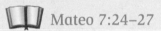 ¿Cuál es tu historia favorita sobre Jesús?

Jesús quiere que escuchemos sus enseñanzas.

Un día Jesús había estado enseñando por mucho rato. El había enseñado sobre creer en Dios y rezarle. Jesús terminó contando esta historia:

Vocabulario

Biblia el libro donde está escrita la palabra de Dios

Antiguo Testamento la primera parte de la Biblia

Nuevo Testamento la segunda parte de la Biblia

evangelios los cuatro primeros libros del Nuevo Testamento que hablan de las enseñanzas y la vida de Jesús en la tierra

📖 Mateo 7:24–27

Un hombre construyó su casa en la roca. Cuando vino la tormenta el viento no la voló. La lluvia azotó la casa. Pero la casa no cayó. Había sido construída en roca.

Jesús dijo a la gente: "El que me oye y hace lo que yo digo, es como un hombre prudente que construyó su casa sobre la roca". (Mateo 7:24)

Cuando escuchamos la palabra de Dios en la Biblia, escuchamos con nuestros oídos. La recordamos en nuestras mentes y corazones. Mostramos que escuchamos amando a Dios y ayudando a los demás.

RESPONDEMOS

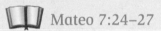 Escribe algo que harás, para mostrar a Jesús que lo escuchas.

The word *gospel* means "good news." We learn the Good News of Jesus Christ in the Gospels.

- God is our Father who loves and forgives us.

- Jesus is with us always. He teaches us how to love and do good.

- The Holy Spirit helps and guides us.

 What is your favorite story about Jesus?

Jesus wants us to listen to his teachings.

One day Jesus had been teaching for a long time. He had taught people about believing in God and praying to him. Jesus ended by telling this story.

Matthew 7:24–27

A man built his house on rock. When storms came, the wind blew. The rain beat against the house. But the house did not fall. It had been built on rock.

Jesus told the people, "Everyone who listens to these words of mine and acts on them will be like a wise man who built his house on rock." (Matthew 7:24)

When we listen to God's Word in the Bible, we hear with our ears. We remember in our minds and hearts. We show we have listened by loving God and helping others.

WE RESPOND

 Write one thing you will do to show Jesus that you have listened to him.

HACIENDO DISCÍPULOS

Muestra *lo* que sabes

Usa lo que sabes sobre la palabra de Dios para completar la red.

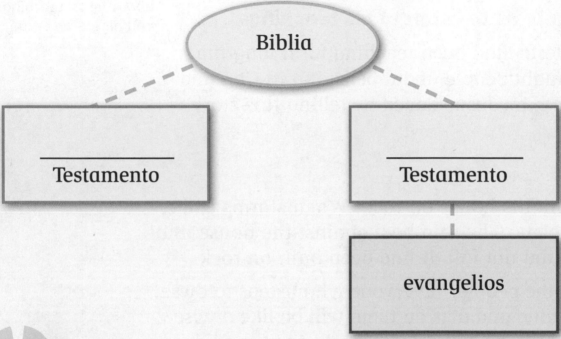

Biblia

_____ Testamento

_____ Testamento

evangelios

Escribe un mensaje de texto a Dios. Dale las gracias por el don de su palabra. Usa estas palabras:

palabra   Biblia
aprender   enseñanza
alabanza

Para Dios

PROJECT DISCIPLE

Show What *you* Know

Use what you know about God's Word to complete the web.

Bible

_____ Testament

_____ Testament

Gospels

Pray Today

Write God a text message. Thank him for the gift of his Word. Use these words:

Word   Bible
learn   teachings
praise

To: _____ **GOD** _____

 Recomienda tu historia favorita a un amigo. Usa este formulario.

Recomiendo _____.

Se encuentra en el _____ Testamento.

En esta historia _____

_____.

Es mi historia favorita porque _____

_____

_____

_____

Datos

Se han vendido más ejemplares de la Biblia que de ningún otro libro.

Compártelo.

Tarea

Pide a un miembro de tu familia buscar una copia del periódico católico local. Descubre lo que está pasando en la comunidad católica.

Make *it* Happen

Recommend your favorite Bible story to a friend. Use the form below.

I recommend _____.

It can be found in the _____ Testament.

In this story, _____

_____.

It is my favorite story because _____

_____

_____

_____

Fast Facts

More copies of the Bible have been sold than any other book ever written.

Now, pass it on!

Take Home

Ask a family member to get a copy of your local Catholic newspaper. Find out what is happening in the Catholic community.

NOS CONGREGAMOS

✝ **Líder:** Señor Dios, nos das vida y amor. Tus leyes nos ayudan a saber como amarte y amar a los demás. Muéstranos como seguirte:

Lector 1: en nuestras casas

Lector 2: en nuestra parroquia

Lector 3: en nuestro vecindario

Lector 4: en nuestro mundo.

Todos: "Señor, la tierra está llena de tu amor; ¡enséñame tus leyes!" (Salmo 119:64)

¿Cuáles son algunas reglas que cumples diariamente?

CREEMOS

Jesús nos enseñó el Gran Mandamiento.

Dios Padre nos ama mucho. El nos protege dándonos leyes para cumplir. Las leyes de Dios son llamadas **mandamientos**.

Mateo 22:35–39

Un día Jesús estaba enseñando. Alguien le preguntó cual era el mandamiento más importante. Jesús contestó: "Ama al Señor tu Dios con todo tu corazón, con toda tu alma y con toda tu mente". Este es el más importante y el primero de los mandamientos. Y el segundo es parecido a este; dice: "Ama a tu prójimo como a ti mismo". (Mateo 22:37, 39)

God Gives Us Laws

WE GATHER

✝ **Leader:** Lord God, you give us life and love. Your laws help us to know how to love you and others. Show us how to follow you:

Reader 1: in our homes

Reader 2: in our parish

Reader 3: in our neighborhood

Reader 4: in our world.

All: "The earth, LORD, is filled with your love; teach me your laws." (Psalm 119:64)

☀ What are some rules that you follow every day?

WE BELIEVE

Jesus taught us the Great Commandment.

God the Father loves us very much. He protects us by giving us laws to follow. God's laws are called **commandments**.

 Matthew 22:35–39

One day Jesus was teaching. Someone asked him which commandment is the greatest. Jesus answered, "You shall love the Lord, your God, with all your heart, with all your soul, and with all your mind." Then he said, "You shall love your neighbor as yourself." (Matthew 22:37, 39)

Jesús nos mostró como amar a Dios, a nosotros mismos y a los demás. La enseñanza de Jesús sobre el amor a Dios y a los demás es el **Gran Mandamiento**. Cuando obedecemos este mandamiento cumplimos todos los mandamientos de Dios.

Di como Jesús está viviendo el Gran Mandamiento en cada ilustración. ¿Cómo puedes mostrar que amas como Jesús?

Los Diez Mandamientos nos ayudan a vivir como hijos de Dios.

Muchos años antes de nacer Jesús, Dios dio a su pueblo leyes especiales. Estas leyes son llamadas los **Diez Mandamientos**. Están escritos en el Antiguo Testamento en la Biblia.

Cuando Jesús estaba creciendo aprendió esos mandamientos. El obedeció las leyes y enseñó a sus seguidores a obedecerlas.

Los mandamientos nos ayudan a vivir como hijos de Dios. Los tres primeros nos ayudan a amar a Dios y los siete restantes nos ayudan a amar a los demás y a nosotros mismos.

Jesus showed us how to love God, ourselves, and others. Jesus' teaching to love God and others is the **Great Commandment**. When we obey this commandment, we follow all of God's commandments.

For each picture tell how Jesus is living the Great Commandment. How can you show your love like Jesus did?

The Ten Commandments help us to live as God's children.

Many years before Jesus was born, God gave his people special laws. These laws are called the **Ten Commandments**. They are written in the Old Testament in the Bible.

When Jesus was growing up, he learned these commandments. He obeyed these laws and taught his followers to obey them.

The commandments help us to live as God's children. The first three commandments help us to love God. The other seven commandments help us to love ourselves and others.

Los Diez Mandamientos

1. Yo soy el Señor tu Dios: no tendrás más Dios fuera de mí.

2. No tomarás el nombre de Dios en vano.

3. Recuerda mantener santo el día del Señor.

4. Honra a tu padre y a tu madre.

5. No matarás.

6. No cometerás adulterio.

7. No robarás.

8. No darás falso testimonio en contra de tu prójimo.

9. No desearás la mujer de tu prójimo.

10. No codiciarás los bienes ajenos.

Lee los mandamientos y piensa en como vas a cumplirlos esta semana.

Dios quiere que le mostremos amor y respeto.

Cumplir los Diez Mandamientos nos ayuda a vivir como hijos de Dios. Debemos mostrar nuestro amor a Dios cumpliendo los tres primeros. He aquí algunas formas:

• Creemos en un solo Dios y lo amamos sobre todas las cosas.

• Mencionamos el nombre de Dios con amor y respeto.

• Adoramos a Dios en nuestra parroquia todas las semanas, en la misa los domingos o los sábados en la tarde.

Como católicos...

Dios está siempre con nosotros. Podemos hablar con él en cualquier momento y en cualquier lugar. Algunas veces, nuestras palabras a Dios son oraciones. Algunas veces hacemos oraciones cortas. Estas oraciones son llamadas jaculatorias. He aquí tres ejemplos:

• Dios, te amo.
• Jesús, acompáñame.
• Espíritu Santo, ayúdame.

Puedes hacer tus propias jaculatorias. Rézalas con frecuencia.

Podemos alabar a Dios cantando.

♫ **No hay Dios tan grande**

No hay Dios tan grande
como tú,
no lo hay, no lo hay.
No hay Dios que haga
maravillas como las que
haces tú.
No con espadas, ni con
ejércitos, mas con tu
Santo Espíritu.

Read the commandments and think about ways you are going to live them this week.

God wants us to show him our love and respect.

Following the Ten Commandments helps us to live as children of God. We must show God our love by following the first three commandments. Here are some of the ways.

- We believe in one God and love him more than anything.
- We speak God's name only with love and respect.
- We worship God with our parish each week for Mass on Sunday or Saturday evening.

The Ten Commandments

1. I am the LORD your God: you shall not have strange gods before me.
2. You shall not take the name of the LORD your God in vain.
3. Remember to keep holy the LORD's Day.
4. Honor your father and your mother.
5. You shall not kill.
6. You shall not commit adultery.
7. You shall not steal.
8. You shall not bear false witness against your neighbor.
9. You shall not covet your neighbor's wife.
10. You shall not covet your neighbor's goods.

We can praise God in song.

We Celebrate with Joy

We celebrate with joy
  and gladness.
We celebrate God's love for us.
We celebrate with joy
  and gladness,
God with us today.
God with us today.

As Catholics...

God is always with us. We can talk to him anytime or anywhere. Our words to God are prayers. Sometimes we say short prayers. These prayers are called aspirations. Here are three examples.

- God, I love you.
- Jesus, be with me.
- Holy Spirit, help me.

You can make up your own aspirations. Pray them often.

Dios quiere que mostremos que amamos a los demás como nos amamos a nosotros mismos.

Dios quiere que nos tratemos como hermanos. Desde el cuarto hasta el décimo mandamiento aprendemos formas de amarnos y amar a los demás. He aquí algunas formas:

- Obedecemos a nuestros padres y a todo el que cuide de nosotros.

- Respetamos toda vida humana.

- Respetamos nuestros cuerpos y el cuerpo de los demás.

- Nos protegemos unos a otros, especialmente aquellos que no pueden protegerse a sí mismos.

- Cuidamos de nuestras pertenencias.

- Somos justos cuando jugamos.

- No robamos lo que pertenece a otro.

- Decimos la verdad y somos amables con los demás.

- Mostramos agradecimientos por nuestras familias y amigos.

- Mostramos que agradecemos lo que tenemos.

Vocabulario

mandamientos leyes de Dios

Gran Mandamiento enseñanza de Jesús sobre el amor a Dios y a los demás

Diez Mandamientos diez leyes especiales que Dios dio a su pueblo

RESPONDEMOS

Escribe dos maneras en que puedes mostrar amor por ti y por los demás.

_____

_____

_____

_____

Key Words

commandments God's laws

Great Commandment Jesus' teaching to love God and others

Ten Commandments ten special laws God gave to his people

God wants us to show that we love others as we love ourselves.

God wants us to treat one another as brothers and sisters. In the Fourth through the Tenth Commandments, we learn ways to love ourselves and others. Here are some of the ways.

- We obey our parents and all who care for us.
- We respect all human life.
- We respect our bodies and the bodies of others.
- We protect everyone, especially those who cannot protect themselves.
- We take care of what we own.
- We are fair when playing.
- We do not steal what other people own.
- We tell the truth and speak kindly of others.
- We show that we are thankful for our family and friends.
- We show that we are thankful for what we own.

WE RESPOND

Write two ways you can show love for yourself and others.

_____

_____

_____

HACIENDO DISCIPULOS

Muestra *lo* que sabes

Usa la clave para completar el crucigrama con el *Vocabulario*:

1 Vertical: Otra palabra para las leyes de Dios.

2 Horizontal: Número de leyes especiales que Dios dio a su pueblo.

3 Horizontal: El nombre de la enseñanza de Jesús de amar a Dios y a los

demás es _____ Mandamiento.

Realidad

Pon un ✔ al lado de la forma en la que puedes vivir los mandamientos

❏ diciendo malas palabras

❏ ayudando a los miembros del equipo

❏ respetando a los demás

❏ engañando

❏ siendo honesto

❏ mintiendo

PROJECT DISCIPLE

Show What you Know

Use the clues below to complete the puzzle with Key Words.

1 Down: Another word for God's laws

2 Across: The number of special laws God gave his people

3 Across: The name of Jesus' teaching to love God and others is the

_____ Commandment.

Reality Check

Check the ways that you can live the commandments.

❏ say mean words   ❏ cheat

❏ help team members   ❏ be honest

❏ respect others   ❏ lie

Exprésalo

¿Qué mandamientos están cumpliendo estos discípulos?

● Mantendrás santo el día del Señor.

● No robarás.

● Honrarás a tu padre y a tu madre.

Tarea

Haz una lista de algunas de las reglas de tu casa.

_____

_____

Compártela con tu familia. ¿Puedes añadir otra regla?

_____

↪ **RETO PARA EL DISCÍPULO** Encierra en un círculo las reglas de la familia que te ayudan a cumplir los Diez Mandamientos.

Hazlo

Enseña esta oración a un amigo.

"La tierra está llena de tu amor, Señor; enséñame tus normas".

(salmo 119:64)

Picture This

Which commandments are these disciples following? Draw a line to match the picture to the correct commandment.

● Keep holy the LORD's Day.

● You shall not steal.

● Honor your father and your mother.

Make *it* Happen

Teach this prayer to a friend.

"The earth, LORD, is filled with your love; teach me your laws."
(Psalm 119:64)

Take Home

List some of your family rules.

_____

_____

Share it with your family. Can you think of another rule to add?

_____

↳ **DISCIPLE CHALLENGE** Circle the family rules that help you to follow the Ten Commandments.

Cumplimos las leyes de Dios

NOS CONGREGAMOS

✝ **Líder:** Dios nos da leyes porque nos ama y quiere que seamos felices. Escuchemos las palabras que Jesús dijo a sus discípulos.

Lector: "Yo los amo a ustedes como el Padre me ama a mí; permanezcan, pues, en el amor que les tengo. Si obedecen mis mandamientos, permanecerán en mi amor, así como yo obedezco los mandamientos de mi Padre y permanezco en su amor". (Juan 15:9–10)

Todos: Jesús, gracias por amarnos. Que nuestro amor por ti y los demás crezca cada día.

 Piensa en una decisión que tienes que tomar hoy.

CREEMOS

Jesús quiere que cumplamos los mandamientos.

Jesús tomó decisiones durante su vida en la tierra. El escogió amar a todo el mundo. Jesús escogió ayudar aun cuando estuviera cansado. Escogió pasar tiempo con personas, pobres y ricas. Jesús tomó esas decisiones aun cuando otras personas no estaban de acuerdo con él.

We Follow God's Laws

WE GATHER

✝ **Leader:** God gives us laws because he loves us and wants us to be happy. Listen to these words Jesus said to his disciples.

Reader: "As the Father loves me, so I also love you. Remain in my love. If you keep my commandments, you will remain in my love, just as I have kept my Father's commandments and remain in his love."

(John 15:9–10)

All: Jesus, thank you for loving us. May our love for you and others grow stronger everyday.

 Talk about one choice that you made today.

WE BELIEVE

Jesus wants us to follow the commandments.

Jesus made choices all during his life on earth. He chose to love everyone. Jesus chose to help people even when he felt tired. He chose to spend time with people, both the poor and the rich. Jesus made these choices even when others did not agree with him.

Jesús quiere que sigamos su ejemplo de ayudar a los demás. El quiere que cumplamos los mandamientos. Jesús sabe que no es siempre fácil para nosotros escoger amar a Dios y a los demás. Es por eso que él envía al Espíritu Santo para que nos ayude.

 Encierra en un círculo las palabras que completen la oración.

Cuando escogemos amar a Dios y a los demás somos _____.

justos   egoístas   amables   serviciales

Dios da libre albedrío a todo el mundo.

Dios nunca nos obliga a amarle o a obedecerle. Dios nos deja escoger amarlo y amar a los demás. El nos deja escoger entre cumplir los mandamientos o no. El don de Dios que nos permite tomar decisiones es el **libre albedrío**.

Somos responsables de lo que hacemos. Somos responsables de lo que sucede por las decisiones que tomamos.

Puedes tomar buenas decisiones cuando tomas tiempo para pensar antes de actuar. Puedes hacerte dos preguntas:

• Si hago eso, ¿mostraré mi amor a Dios, a mí mismo y a los demás?

• ¿Qué quiere Jesús que haga?

¿Cómo puedes hacer lo que Jesús quiere que hagas?

Jesus wants us to follow his example of caring for everyone. He wants us to follow the commandments. Jesus knows that it is not always easy for us to choose to love God and others. That is why he sent the Holy Spirit to help us.

Circle all the words that complete the sentence.

We choose to love God and others when we are _____.

fair   selfish   kind   helpful

God gives each person free will.

God never forces us to love and obey him. God lets us choose to love him and others. He lets us choose between following the commandments and not following them. God's gift to us that allows us to make choices is **free will**.

We are responsible for what we do. We are responsible for what happens because of our choices.

You can make good choices when you take time to think before you act. You can ask yourself these two questions:

• If I do this, will I show love for God, myself, and others?

• What would Jesus want me to do?

How can you know what Jesus would want you to do?

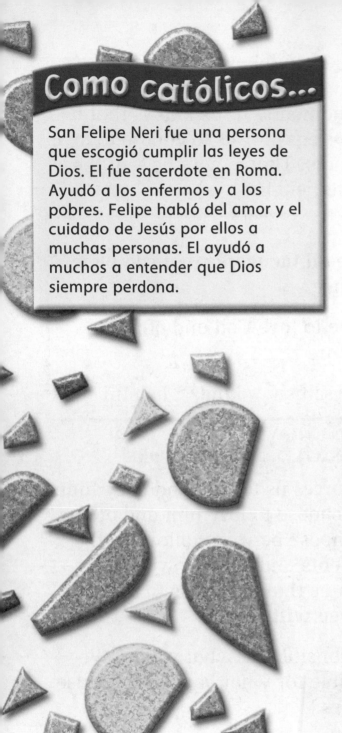

Como católicos...

San Felipe Neri fue una persona que escogió cumplir las leyes de Dios. El fue sacerdote en Roma. Ayudó a los enfermos y a los pobres. Felipe habló del amor y el cuidado de Jesús por ellos a muchas personas. El ayudó a muchos a entender que Dios siempre perdona.

La amistad con Dios es dañada por el pecado.

Cometer es otra palabra para "hacer". **Pecado** es cualquier pensamiento, palabra u obra que cometemos libremente aun cuando sabemos es malo. No pecamos por accidente.

Algunos pecados son muy serios. Estos son **pecados mortales**. La persona que comete uno de estos pecados rompe su relación con Dios. No tiene la gracia de Dios en su vida.

Pecados veniales son pecados menos serios que los mortales. Quien comete estos pecados rompe la ley de Dios pero sigue teniendo su gracia.

Cuando pecamos ofendemos a Dios, a los demás y a nosotros mismos. Es importante recordar siempre el mensaje.

Colorea las palabras del mensaje.

Dios nunca deja de amarnos. Dios

siempre nos perdona

si estamos arrepentidos.

Friendship with God is hurt by sin.

Commit is another word for "do." **Sin** is any thought, word, or act that we freely choose to commit even though we know that it is wrong. We cannot commit sin by accident.

Some sins are very serious. These sins are **mortal sins**. People who commit these sins break their friendship with God. They do not share in God's grace, his life in them.

Venial sins are less serious than mortal sins. People who commit these sins hurt their friendship with God. But they still share in God's grace.

When we commit sin we hurt ourselves and others, too. But it is important to always remember the message below.

🏃 Color the words.

God never stops loving us. God will

always forgive

us when we are sorry.

Jesús nos enseñó sobre el perdón de Dios.

Jesús contó historias para enseñar sobre el amor y el perdón de Dios. El enseñó que Dios siempre nos ama y está dispuesto a perdonarnos. Otra palabra para el amor y el perdón de Dios es **misericordia**.

He aquí una historia sobre la misericordia de Dios.

 Lucas 15:11–24

Había un padre que tenía dos hijos. Un día el menor le pidió su parte del dinero de la familia. El hijo tomó el dinero y se fue de la casa. El joven gastó el dinero con nuevos amigos. Pronto el dinero se le terminó. Entonces pensó en las decisiones que había tomado. Recordó que su padre lo amaba.

El joven iba camino a casa cuando su padre lo alcanzó a ver. El padre corrió a su encuentro. El joven le dijo que estaba arrepentido. El padre lo perdonó y preparó una celebración por el regreso de su hijo. "Y comenzaron a hacer fiesta".
(Lucas 15:24)

El padre en esta historia mostró misericordia por su hijo. Dios, el Padre, es misericordioso con cada uno de nosotros. El siempre nos perdonará si estamos arrepentidos.

Vocabulario

libre albedrío el don de Dios que nos permite tomar decisiones

pecado pensamiento, palabra u obra que cometemos libremente aun cuando sabemos es malo

pecados mortales pecados que rompen nuestra relación con Dios

pecados veniales pecados que dañan nuestra relación con Dios

misericordia el amor y el perdón de Dios

RESPONDEMOS

¿Cómo te sientes al saber que Dios está siempre dispuesto a perdonarte?

Key Words

free will God's gift to us that allows us to make choices

sin a thought, word, or act that we freely choose to commit even though we know that it is wrong

mortal sins sins that break our friendship with God

venial sins sins that hurt our friendship with God

mercy God's love and forgiveness

Jesus taught us about God's forgiveness.

Jesus told stories to teach about God's love and forgiveness. He taught that God always loves us and is ready to forgive us. Another word for God's love and forgiveness is **mercy**.

Here is a story about God's mercy.

📖 Luke 15:11–24

There was a loving father who had two sons. One day the younger son asked his father for his share of the family's money. The son took his money and left home. The young man spent his money on new friends. Soon all his money was gone. The young man began to think about the choices he had made. He remembered his father's love.

The young man was on the road home when his father saw him. The father ran to welcome him back. The young man told his father he was sorry. The father forgave his son and prepared to celebrate his son's return. "Then the celebration began." (Luke 15:24)

The father in this story showed mercy to his son. God the Father shows each of us his mercy. He will always forgive us when we are sorry.

WE RESPOND

🏃 How do you feel knowing that God is always ready to forgive you?

HACIENDO DISCIPULOS

Muestra *lo* que sabes

Termina la oración usando las palabras del 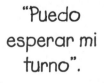 Vocabulario que se encuentran en el cuadro.

> pecados mortales
>
> pecados veniales

Dios, gracias por el don del libre albedrío. Así puedo tomar decisiones responsables. Trataré de no pecar.

No quiero cometer _____ porque rompen mi amistad contigo.

No quiero cometer _____ porque dañan mi amistad contigo.

Gracias por tu misericordia. Amén.

"Puedo pasar por delante de todos los niños y ponerme al frente".

"Puedo esperar mi turno".

¿Qué harás?

Ramón quiere deslizarse por el tobogán pero hay una línea larga de niños antes que él. Encierra en un círculo lo que Ramón debe hacer.

PROJECT DISCIPLE

Show What you Know

Finish the prayer using  from the box.

God, thank you for giving me the gift of free will. With it, I will make responsible choices. I will try not to sin.

I never want to commit _____ which break my friendship with you.

I never want to commit _____ which hurt my friendship with you.

Thank you for your mercy. Amen.

> mortal sins
>
> venial sins

" I can push to the front of the line."

" I can wait until it's my turn."

What Would you do?

Ryan wants to go down the slide, but there is a long line of children in front of him. Circle the choice you think Ryan should make.

HACIENDO DISCIPULOS

 En el cuadro que se muestra abajo, escribe las decisiones que puedes tomar esta semana para mostrar amor a Dios, a ti y a los demás.

En casa, puedo escoger	
En la escuela, puedo escoger	
En mi vecindario, puedo escoger	
En mi parroquia, puedo escoger	

Tarea

Una decisión importante que tomamos en la vida es escoger nuestros amigos. Los buenos amigos quieren lo mejor para ambos. Cuando escojas a una persona para hacer amistad piensa en estas preguntas:

- ¿Cómo actúo cuando estoy con esta persona?
- ¿Qué tipo de decisiones tomo cuando estoy con esa persona?
- ¿Quiere esta persona lo mejor para mí?

Pregunta a tus familiares lo que buscan en un buen amigo. Juntos añadan otra pregunta para pensar cuando se escojan amigos.

Compártolo.

Pray
Learn
Celebrate
Share
Choose
Live

PROJECT DISCIPLE

Make it Happen

In the chart below, write choices you can make this week to show love for God, yourself, and others.

At home, I can choose to	
At school, I can choose to	
In my neighborhood, I can choose to	
In my parish, I can choose to	

Take Home

One important decision we make in life is choosing our friends. Good friends want the best for one another. When you choose a person to be your friend, you may want to think about these questions.

- How do I act when I am with this person?
- What kind of choices do I make when I am with this person?
- Does this person want the best for me?

Survey your family members. Ask them what they look for in a friend. Together, add another question to think about when choosing friends.

Now, pass it on!

NOS CONGREGAMOS

✝ **Líder:** Jesús es nuestro Buen Pastor.

Todos: Jesús, somos las ovejas de tu rebaño.

Líder: Jesús, no permitas que nos separemos de ti.

Todos: Jesús, Buen Pastor, escúchanos.

Líder: Jesús, cuando no seguimos tus enseñanzas.

Todos: Perdónanos y guíanos a regresar al redil.

 ¿Por qué crees que los familiares y los amigos se perdonan unos a otros? ¿Cómo muestran su perdón?

CREEMOS

Jesús nos invita a celebrar el perdón de Dios.

Jesús quería que el pueblo entendiera el amor y el perdón de Dios. Así que les contó esta historia.

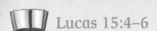 Lucas 15:4–6

Había un pastor que cuidaba de cien ovejas. Un día una de las ovejas se perdió. El pastor dejó a noventa y nueve ovejas. Buscó la perdida hasta que la encontró. El pastor colocó la oveja en sus hombros y se la llevó. Cuando regresó a la casa, llamó a todos sus amigos y les dijo: "Felicítenme, porque ya encontré a la oveja que se me había perdido". (Lucas 15:6)

WE GATHER

✝ **Leader:** Jesus is our Good Shepherd.

All: Jesus, we are the sheep of your flock.

Leader: Jesus, may we never wander far from you.

All: Jesus, Good Shepherd, hear us.

Leader: Jesus, when we have not followed your ways,

All: Forgive us and lead us back to your loving ways.

 Why do you think friends and family forgive each other? How do they show their forgiveness?

WE BELIEVE

Jesus invites us to celebrate God's forgiveness.

Jesus wanted people to understand God's love and forgiveness. So he told this story.

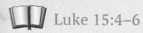 Luke 15:4–6

There was a shepherd who took care of one hundred sheep. One day one of the sheep wandered away. The shepherd left the other ninety-nine sheep. He searched for the lost one until he found it. The shepherd put the sheep on his shoulders and carried it. When he got home, he called together his friends. He said, "Rejoice with me because I have found my lost sheep." (Luke 15:6)

El pecado nos separa de Dios y de los demás. Cuando pecamos, somos como la oveja perdida. Pero Jesús nos ofrece una forma para regresar. La palabra *reconciliación* significa "perdonar".

Jesús nos da una forma para recibir el perdón de Dios. La Iglesia celebra este perdón en el sacramento de la Penitencia y Reconciliación.

✦ ¿Qué dice la historia de Jesús sobre la oveja perdida acerca del amor de Dios?

Jesús comparte el perdón y la paz de Dios en el sacramento de la Penitencia y Reconciliación.

Cuando pecamos no estamos en paz con Dios, con nosotros mismos ni con los demás. En los evangelios leemos historias sobre gente que no estaba en paz con Dios. Jesús perdonó sus pecados. Jesús compartió la misericordia y la paz de Dios con ellos.

Jesús nos da una forma de encontrar la paz. El comparte el perdón de Dios con nosotros. En el sacramento de la **Penitencia y Reconciliación** recibimos y celebramos el perdón de Dios de nuestros pecados. Podemos llamar a este sacramento el sacramento de la Reconciliación.

Jesús dio a los apóstoles el poder de perdonar el pecado en su nombre. Hoy en el sacramento de la Reconciliación, los obispos y los sacerdotes perdonan los pecados en nombre de Jesús. Ellos reciben el poder de perdonar los pecados en el sacramento del Orden.

Sin separates us from God and one another. When we sin, we are like the lost sheep. But Jesus has given us a way to come back together again. The word *reconciliation* means "coming back together again."

Jesus has given us a way to receive God's forgiveness. The Church celebrates this forgiveness in the Sacrament of Penance and Reconciliation.

What does Jesus' story of the lost sheep help you to know about God's love?

Jesus shares God's forgiveness and peace in the Sacrament of Penance and Reconciliation.

When we sin, we are not at peace with God, ourselves, or others. In the Gospels we read some stories about people who were not at peace with God. Jesus forgave their sins. Jesus shared God's mercy and peace with them.

Jesus gives us a way to find peace, too. He shares God's forgiveness with us. In the Sacrament of **Penance and Reconciliation** we receive and celebrate God's forgiveness of our sins. We also call this sacrament the Sacrament of Penance.

Jesus gave his Apostles the power to forgive sin in his name. Today in the Sacrament of Penance, bishops and priests forgive sins in Jesus' name. They received this power to forgive sins in the Sacrament of Holy Orders.

👤 Encierra en un círculo cada tercera letra para encontrar la palabra que falta para completar la oración. Escribe la palabra en el espacio en blanco.

b o p l k a c y z

El sacramento de la Reconciliación nos trae

la _____ de Dios.

Examinamos nuestras conciencias.

Dios ha dado a cada persona una **conciencia**. Este don ayuda a la persona a saber lo que es bueno y lo que es malo.

Podemos prepararnos para celebrar el sacramento de la Reconciliación examinando nuestra conciencia. Esto quiere decir pensar en lo que hemos hecho, en nuestras acciones, palabras y pensamientos.

El Espíritu Santo nos ayuda a recordar nuestras decisiones. Pensamos en cuando no hemos cumplidos los Diez Mandamientos. Nos hacemos preguntas como:

- ¿Usé el nombre de Dios con respeto y recé?

- ¿Cuidé de mi persona y de los dones que Dios me ha dado?

- ¿Obedecí a mis padres y a los que cuidan de mí?

👤 Piensa en otras preguntas que puedes hacerte para examinar tu conciencia.

Como católicos...

Muchos católicos examinan sus conciencias antes de acostarse. Piensan en lo que hicieron o no hicieron para seguir el ejemplo de Jesús durante ese día. Se preguntan si respetaron a Dios, a ellos mismos y a los demás. Luego piden al Espíritu Santo les ayude a tomar mejores decisiones.

Pide al Espíritu Santo te ayude a tomar buenas decisiones.

Circle every third letter to find the missing word. Write the word in the sentence.

n o p **c** d e **y** z a **b** d c **f** g **e**

The Sacrament of Penance brings us

God's _____.

We examine our conscience.

God has given each person a **conscience**. This gift helps a person to know what is right and what is wrong.

We can prepare to celebrate the Sacrament of Penance by examining our conscience. This means we think about our thoughts, words, and actions.

The Holy Spirit helps us to remember the choices we have made. We think about the ways we have or have not followed the Ten Commandments. We ask ourselves:

• Did I speak God's name with respect and pray to him?

• Did I care for myself and the gifts God has given to me?

• Did I obey my parents and all those who care for me?

Think about other questions you can ask yourself to examine your conscience.

As Catholics...

Many Catholics make an examination of conscience during their nighttime prayer. They think about ways they have or have not followed Jesus' example that day. They ask themselves how they have respected God, themselves, and others. Then they ask the Holy Spirit to help them make better choices.

Ask the Holy Spirit to help you to make good choices, too.

Decimos a Dios que estamos arrepentidos de nuestros pecados.

Otra palabra para arrepentimiento es *contrición*. Decimos a Dios que estamos arrepentidos de nuestros pecados en el sacramento de la Reconciliación. También decimos a Dios que trataremos de no pecar de nuevo. Hacemos estas dos cosas cuando rezamos el acto de contrición.

Prepárate para el sacramento de la Reconciliación aprendiendo esta oración.

Acto de Contrición

Dios mío,
con todo mi corazón me arrepiento
de todo el mal que he hecho y de
todo lo bueno que he dejado de hacer.
Al pecar, te he ofendido a ti,
que eres el supremo bien y digno de ser
amado sobre todas las cosas.
Propongo firmemente, con la ayuda de
tu gracia, hacer penitencia, no volver a
pecar y huir de las ocasiones de pecado.
Señor, por los méritos de la pasión
de nuestro Salvador Jesucristo,
apiádate de mí. Amén.

RESPONDEMOS

¿Cómo vas a mostrar a Dios que estás verdaderamente arrepentido? Recen el Acto de Contrición que está en esta página.

Vocabulario

Penitencia y Reconciliación es el sacramento en que recibimos y celebramos el perdón de Dios por nuestros pecados

conciencia don de Dios que nos ayuda a saber lo que es bueno y lo que es malo

We tell God we are sorry for our sins.

Another word for sorrow is *contrition*. We tell God we are sorry for our sins in the Sacrament of Penance. We also tell God we will try not to sin again. We do both of these things when we say the Act of Contrition.

Prepare for the Sacrament of Penance by learning this prayer.

Penance and Reconciliation the sacrament in which we receive and celebrate God's forgiveness of our sins

conscience God's gift that helps us to know right from wrong

Act of Contrition

My God,
I am sorry for my sins with all my heart.
In choosing to do wrong
and failing to do good,
I have sinned against you
whom I should love above all things.
I firmly intend, with your help,
to do penance,
to sin no more,
and to avoid whatever leads me to sin.
Our Savior Jesus Christ
suffered and died for us.
In his name, my God, have mercy.

WE RESPOND

How can you show God you are truly sorry? Pray together the Act of Contrition on this page.

HACIENDO DISCIPULOS

Muestra *lo* que sabes

Usa el color del lápiz para colorear las palabras del  *Vocabulario*.

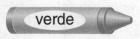 **verde** — don de Dios que nos ayuda a saber lo que es bueno y lo que es malo

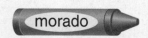 **morado** — sacramento por medio del cual recibimos y celebramos el perdón de Dios de nuestros pecados

conciencia

Penitencia y Reconciliación

 **Celebra**

Todos necesitamos el perdón de Dios. La Iglesia nos anima a celebrar el perdón de Dios en el sacramento de la Reconciliación. Si hemos pecado de tal forma que hemos roto nuestra relación con Dios, debemos decir ese pecado mortal al sacerdote. También debemos decir nuestros pecados veniales. Estos dañan nuestra relación con Dios y con los demás. En el sacramento de la Reconciliación recibimos perdón y nos ponemos en paz con Dios y los demás.

Show What *you* Know

Use the color code to color the  Key Words.

 green — God's gift that helps us to know right from wrong

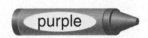 purple — the sacrament in which we receive and celebrate God's forgiveness of our sins

conscience

Penance and Reconciliation

Celebrate!

All of us are in need of God's forgiveness. The Church encourages us to celebrate God's forgiveness in the Sacrament of Penance. If we sin in a way that breaks our friendship with God, we must tell these mortal sins to the priest. We should also tell any venial sins. They hurt our friendship with God and with one another. In the Sacrament of Penance we receive forgiveness and are at peace with God and with one another.

 **Haz lo**

Con un compañero escriban un esquema sobre el perdón. Este debe tener un inicio, un medio y un final. Planifíquenlo en el espacio que se ofrece.

Inicio	Medio	Final

Junto con un compañero escriban un guión sobre el perdón.

Tarea

En una hoja separada de papel dibuja al pastor y a la oveja perdida. Recorta tus dibujos. Usa palitos de helado para hacer títeres con tus dibujos. Escenifica la historia de la oveja perdida para tu familia.

RETO PARA EL DISCIPULO ¿En qué nos parecemos a la oveja perdida? ¿En qué se parece Dios al pastor? Cuéntalo a tu familia.

With a classmate, write a skit about forgiveness. Your skit must have a beginning, a middle, and an end. Plan it out in the space below.

Beginning	Middle	End

With a classmate, write a skit about forgiveness.

Take Home

On a separate piece of paper, draw a picture of the shepherd and the lost sheep. Cut each one out. Use craft sticks to make your pictures into puppets. Perform a puppet play of the story of the lost sheep for your family.

↳ **DISCIPLE CHALLENGE** How are we like the lost sheep? How is God like the shepherd? Tell your family.

Celebramos el sacramento del perdón

NOS CONGREGAMOS

✝ **Todos:** Señor, ten piedad.

🎵 **El Señor es tierno y compasivo**

El Señor es tierno y compasivo;
el perdona nuestras faltas.
El Señor es tierno y compasivo;
no abandona al pecador.

 ¿Qué haces cuando alguien te pide perdón?

CREEMOS

Pedimos perdón a Dios en el sacramento de la Reconciliación.

Cuando celebramos el sacramento de la Reconciliación, pensamos en las formas en que mostramos amor a Dios y a los demás. Esto es un examen de conciencia. Nos arrepentimos de nuestros pecados y prometemos no pecar más. Esto es llamado **contrición**.

Decimos nuestros pecados al sacerdote. Esto es la **confesión**. El sacerdote nos pide rezar o hacer algo para reparar nuestra falta. Esto es la **penitencia**.

Hacemos un acto de contrición diciendo a Dios que estamos arrepentidos. Prometemos no volver a pecar más. El sacerdote perdona nuestros pecados en el nombre de Jesús, esta es la **absolución**.

We Celebrate the Sacrament of Forgiveness

12

WE GATHER

✝ **All:** Lord, have mercy.

🎵 **We Come to Ask Forgiveness**

We come to ask your forgiveness, O Lord,
and we seek forgiveness from each other.
Sometimes we build up walls instead
 of bridges to peace,
and we ask your forgiveness, O Lord.

☀ What do you do when someone
 asks you to forgive them?

WE BELIEVE

We ask for God's forgiveness in the Sacrament of Penance.

When we celebrate the Sacrament of Penance, we think about the ways we have shown or not shown love for God and for others. This is an examination of conscience. We are sorry for our sins and promise not to sin again. This is **contrition**.

We tell our sins to the priest. This is called **confession**. The priest tells us to say a prayer or to do a kind act to make up for our sins. This is called **a penance**.

We say an Act of Contrition to tell God we are sorry. We promise not to sin again. The priest acting in the name of Jesus forgives our sins. This is called **absolution**.

Estos pasos son siempre parte del sacramento de la Reconciliación. Cuando celebramos este sacramento, nos encontramos con un sacerdote. El actúa en nombre de Jesús. Podemos sentarnos frente al sacerdote o arrodillarnos detrás de una rejilla.

¿Qué le decimos a Dios cuando hacemos la penitencia que nos impone el sacerdote?

Celebramos el perdón de Dios en el sacramento de la Reconciliación.

Esto pasó cuando Lucy fue a celebrar el sacramento de la Reconciliación con el padre Pedro.

Lee conmigo

- El padre Pedro saluda a Lucy y ambos hacen la señal de la cruz.
- Lucy escucha una lectura de la Biblia sobre el perdón de los pecados.
- Lucy confiesa sus pecados al padre Pedro.
- El padre Pedro y Lucy hablan sobre lo que ella debe hacer para tomar buenas decisiones. Después él le da una penitencia. Lucy hará su penitencia al finalizar la celebración del sacramento.
- Lucy hace un acto de contrición.
- Lucy recibe la absolución, o perdón, de sus pecados. El sacerdote extiende su mano derecha sobre la cabeza de Lucy. El reza:

  "Dios, Padre misericordioso, que, por la muerte y resurrección de su Hijo, reconcilió consigo al mundo y derramó el Espíritu Santo para el perdón de los pecados te conceda el perdón y la paz, por el ministerio de la Iglesia. Y yo te absuelvo de tus pecados en el nombre del Padre y del Hijo, ✝ y del Espíritu Santo".

  Lucy dice: Amén.
- El padre Pedro y Lucy dan gracias a Dios por su perdón. El padre le dice: "Vete en paz".

Podemos celebrar la Reconciliación de la forma en que lo hizo Lucy.

Habla sobre como nos ayuda celebrar el sacramento de la Reconciliación.

These steps are always part of the Sacrament of Penance. When we celebrate this sacrament, we meet with the priest. He acts in the name of Jesus. We may sit and face the priest or kneel behind a screen.

What are we telling God when we do the penance the priest gives us?

We celebrate God's forgiveness in the Sacrament of Penance.

This is what happened when Lucy went to Father Peter to celebrate the Sacrament of Penance.

Read Along

- Father Peter welcomed Lucy. They both made the Sign of the Cross.
- Lucy listened to a story from the Bible about God's forgiveness.
- Lucy confessed her sins to Father Peter.
- Father Peter and Lucy talked about what she could do to make right choices. Then Father gave Lucy a penance. Lucy will do her penance after the celebration of the sacrament.
- Lucy prayed an Act of Contrition.
- Lucy received absolution, or forgiveness, from her sins. Father Peter stretched out his right hand over Lucy's head. He prayed:

   "God, the Father of mercies,
   through the death and resurrection of his Son
   has reconciled the world to himself
   and sent the Holy Spirit among us
   for the forgiveness of sins;
   through the ministry of the Church
   may God give you pardon and peace,
   and I absolve you from your sins
   in the name of the Father, and of the Son, †
   and of the Holy Spirit."

   Lucy answered, "Amen."

- Father Peter and Lucy thanked God for his forgiveness. Father told Lucy, "Go in peace."

 We can celebrate Penance as Lucy did.

Talk about ways Penance helps us.

El sacerdote de la parroquia siempre está dispuesto a ayudarnos. El nos escucha y ayuda a seguir a Jesús. Decimos nuestros pecados al sacerdote en el sacramento de la Reconciliación. El sacerdote no dice a nadie los pecados que le confesamos.

Celebramos el sacramento de la Reconciliación con nuestra comunidad parroquial.

Algunas veces, la comunidad parroquial se reúne para celebrar el sacramento de la Reconciliación. Esto nos ayuda a ver que todos necesitamos del perdón. Esto es lo que pasa durante esa celebración:

Lee conmigo

- La comunidad parroquial canta una canción.

- Escuchamos una lectura de la Biblia sobre el amor y el perdón de Dios.

- El sacerdote habla sobre la lectura.

- Escuchamos preguntas que nos ayudan a examinar nuestra conciencia.

- Hacemos una oración para decir a Dios que estamos arrepentidos de nuestros pecados. Juntos rezamos el Padrenuestro.

- Cada uno va a confesar sus pecados al sacerdote.

- El sacerdote da la penitencia a cada persona.

- Cada persona recibe la absolución de sus pecados.

- Todos rezan juntos y dan gracias a Dios por su misericordia.

- El sacerdote bendice la comunidad.

- El sacerdote dice: "Vayan en paz".

¿Qué es especial en la celebración del sacramento de la Reconciliación con tu comunidad parroquial?

We celebrate the Sacrament of Penance with our parish community.

Our parish community sometimes gathers to celebrate the Sacrament of Penance together. This helps us see that all of us need forgiveness. This is what happens during that celebration.

Read Along

- The parish community sings a song.
- We listen to readings from the Bible about God's love and forgiveness.
- The priest talks to us about the readings.
- We listen to questions that are part of an examination of conscience.
- We say a prayer together to tell God we are sorry for our sins. Then together we pray the Our Father.
- Each person goes alone to tell his or her sins to the priest.
- The priest gives a penance to each person.
- Each person receives absolution from the priest.
- Together we all praise and thank God for his mercy.
- The priest blesses the parish community.
- He tells us to "Go in peace."

What is special about celebrating this sacrament with your parish community?

Jesús quiere que perdonemos a los demás.

📖 Mateo 18:21–22

Un día Pedro le preguntó a Jesús: "¿Cuántas veces deberé perdonar a mi hermano, si me hace algo malo? ¿Hasta siete?" Jesús le contestó: "No te digo hasta siete veces, sino hasta setenta veces siete".
(Mateo 18:21, 22)

En esta historia, Jesús nos dice que debemos perdonar siempre a los demás. Cuando celebramos el sacramento de la Reconciliación, recibimos el perdón y la paz de Dios. Jesús quiere que perdonemos a los demás y compartamos del don de la paz de Dios con ellos.

RESPONDEMOS

Imagina que un amigo te dice algo hiriente. Después tu amigo te dice: "Lo siento. Espero me puedas perdonar".

Escribe lo que puedes decir o hacer para hacer la paz.

Vocabulario

contrición estar arrepentido de nuestros pecados y prometer no volver a pecar

confesión decir nuestros pecados al sacerdote en el sacramento de la Reconciliación

penitencia oración u obra que el sacerdote nos pide hacer para reparar nuestros pecados

absolución el perdón de nuestros pecados por el sacerdote en el sacramento de la Reconciliación

Jesus wants us to forgive others.

📖 Matthew 18:21–22

One day Peter asked Jesus, "Lord, if my brother sins against me, how often must I forgive him? As many as seven times?" Jesus answered, "I say to you, not seven times but seventy-seven times." (Matthew 18:21, 22)

In this story, Jesus is telling us that we should always forgive others. When we celebrate the Sacrament of Penance, we receive God's forgiveness and peace. Jesus wants us to forgive others and to share God's gift of peace with them.

WE RESPOND

🏃 Imagine that your friend said some hurtful things to you. Then your friend said, "I am sorry. I hope you can forgive me."

Write what you can say and do to be a peacemaker.

Key Words

contrition being sorry for our sins and promising not to sin again

confession telling our sins to the priest in the Sacrament of Penance

a penance a prayer or a kind act we do to make up for our sins

absolution the forgiveness of our sins by the priest in the Sacrament of Penance

Muestra *lo* que sabes

Usa las palabras del **Vocabulario** que se encuentran en el cuadro.

Lo que hago en el sacramento de la Reconciliación:

_____

_____

_____

Lo que hace el sacerdote en el sacramento de la Reconciliación:

_____

_____

_____

contrición

absolución

una penitencia

confesión

Aparea las fotos con las partes de la celebración de la Reconciliación.

● Luz oye al padre Juan leer una historia sobre el perdón de Dios en la Biblia.

● Luz recibe la absolución, o perdón, de sus pecados.

● Luz examina su conciencia para prepararse para el sacramento de la Reconciliación.

Pray
Learn
Celebrate
Share
Choose
Live

PROJECT DISCIPLE

Show What you Know

 Use the from the box.

What I do in the Sacrament of Penance:

_____

_____

_____

What the priest does in the Sacrament of Penance:

_____

_____

contrition

absolution

a penance

confession

 Celebrate!

Match the pictures to the parts of the celebration of the Sacrament of Penance.

● Lucy listens as Father Rob reads a story about God's forgiveness from the Bible.

● Lucy receives absolution, or forgiveness, for her sins.

● Lucy examines her conscience to prepare for the Sacrament of Penance.

Vidas de santos

San Francisco de Asís se conoce por trabajar por la paz. Cuando un pueblo se peleaba con otro, Francisco ayudaba a que hicieran un acuerdo de paz. Francisco escribió una oración por la paz. El escribió: "Señor hazme un instrumento de tu paz". Para saber más sobre los santos, visita "Vidas de santos" en **www.creemosweb.com**.

↳ **RETO PARA EL DISCIPULO** Trabaja por la paz. Reza las palabras de San Francisco hoy.

Realidad

Pon un ✔ en las cosas por las que alguien debe pedir perdón a Dios.

❏ por mala educación

❏ por no ser amable

❏ por ser egoísta

❏ por ser feliz

Tarea

Conversa con tu familia sobre el sacramento de la Reconciliación. Escribe tres cosas importantes que aprendiste y que compartirás con tu familia.

_____

_____

_____

Si quieres puedes planificar ir a celebrar el sacramento de la Reconciliación con toda tu familia.

Saint Stories

Saint Francis of Assisi is known as a peacemaker. When one town went to war against another, Francis helped them come to a peaceful agreement. Francis wrote a prayer for peace. He wrote, "Lord, make me an instrument of your peace." For more about saints, visit "Lives of the Saints" at **www.webelieveweb.com**.

↳ DISCIPLE CHALLENGE Be a peacemaker. Pray the words of Saint Francis today.

Reality Check

Check the things someone should ask God's forgiveness for.

❏ being rude

❏ being unkind

❏ being selfish

❏ being happy

Take Home

Talk with your family about the Sacrament of Penance. Write three important things you have learned that you will share with them.

_____

_____

_____

As a family, you might plan to visit your parish to celebrate the Sacrament of Penance.

Adviento

Adviento es un tiempo de espera y preparación.

NOS CONGREGAMOS

♫ Levántate

Levántate que está llegando.
El Señor viene ya.
El Señor viene ya.
El Señor viene ya.
Nos traerá su resplandor,
nos traerá la luz, la paz.

CREEMOS

El Adviento es un tiempo de preparación para celebrar la venida de Jesús. Esperamos y velamos por los signos del amor de Dios en el mundo. Podemos verlos en:

- los dones de la creación
- la amabilidad de las personas
- el trabajo de la Iglesia.

Habla sobre algunos signos del amor de Dios.

"El es quien nos concede ahora prepararnos con alegría al misterio de su nacimiento".

Prefacio de Adviento, plegaria eucarística

Advent

Advent | Christmas | Ordinary Time | Lent | Three Days | Easter | Ordinary Time

Advent is a season of waiting and preparing.

WE GATHER

♫ **Stay Awake**

Stay awake, be ready.
You do not know the hour
when the Lord is coming.
Stay awake, be ready.
The Lord is coming soon!
Alleluia, alleluia!
The Lord is coming soon!

WE BELIEVE

The season of Advent is a time to prepare to celebrate the coming of Jesus. We watch and wait for signs of God's love in the world. We can see them in:

- the gifts of his creation
- the loving ways of people
- the work of the Church.

Talk about other signs of God's love.

"In his love Christ has filled us with joy as we prepare to celebrate his birth."

Advent II Preface, Eucharistic Prayer

147

Jesús es el signo más grande del amor de Dios. Jesús es el Hijo de Dios que vino al mundo. Jesús trae vida y luz a todo el mundo.

Las cuatro semanas de Adviento están llenas de gozo y esperanza. Celebramos este tiempo en nuestro hogar y en nuestra parroquia. Una forma de celebrar es rezando alrededor de la corona de Adviento. Esta corona se hace con ramas de pino y tiene cuatro velas. Cada vela representa una semana de Adviento.

 Primer domingo de Adviento
Encendemos la primera vela morada.

 Segundo domingo de Adviento
Encendemos las dos primeras velas moradas.

 Tercer domingo de Adviento
Encendemos las dos velas moradas y la rosada.

 Cuarto domingo de Adviento
Encendemos las cuatro velas.

Muestra como la corona de Adviento cambia a medida que pasa el tiempo.

Encendemos la corona de Adviento para recordar, estar atentos y esperar la venida de Jesús. La luz de las velas nos recuerda que Jesús es la Luz del Mundo.

Jesus is the greatest sign of God's love. Jesus is the Son of God who came into the world. Jesus brings life and light to all people.

The four weeks of Advent are filled with joy and hope. We celebrate this season at home and in our parish. One way of celebrating is by praying around an Advent wreath. This wreath is made of evergreen branches and has four candles. There is one candle for each week of Advent.

 On the first Sunday of Advent we light the first purple candle.

 On the second Sunday of Advent we light the first and second purple candles.

 On the third Sunday of Advent we light the first and second purple candles and the rose candle.

 On the fourth Sunday of Advent we light all four candles.

🕴 Show how the wreath changes as the weeks of Advent go by.

We light the Advent wreath to remind us to watch and wait for the coming of Jesus. The light from the candles reminds us that Jesus is the Light of the World.

RESPONDEMOS

Jesús nos pide compartir su luz con otros. Durante el tiempo de Adviento, podemos ayudar a otros a ver el amor de Dios. Piensa en lo que puedes hacer durante cada semana de Adviento.

✝ Respondemos en oración

Líder: Alabemos al Dios de gozo y esperanza.

Todos: Jesús, tú eres la Luz del Mundo.

Líder: Vamos a escuchar una lectura del Antiguo Testamento.

"El pueblo que andaba en la oscuridad vio una gran luz". (Isaías 9:2)

Palabra de Dios.

Todos: Demos gracias a Dios.

Líder: Oremos, por nuestros corazones y nuestros hogares.

Todos: Ven, Señor Jesús.

Líder: Por nuestras familias y amigos.

Todos: Ven, Señor Jesús.

Líder: Por todo el mundo.

Todos: Ven, Señor Jesús.

Líder: Vamos a caminar en la luz de Jesús.

Todos: Ven, Señor Jesús.

WE RESPOND

Jesus asks us to share his light with others. During the season of Advent, we can help people to see God's love. Think about what you can do in each week of Advent.

✟ We Respond in Prayer

Leader: Praised be the God of joy and hope.

All: Jesus, you are the Light of the World.

Leader: Let us listen to a reading from the Old Testament.

"The people who walked in darkness have seen a great light." (Isaiah 9:1)

The word of the Lord.

All: Thanks be to God.

Leader: Let us pray. To our hearts and to our homes,

All: Come, Lord Jesus!

Leader: To our families and friends,

All: Come, Lord Jesus!

Leader: To people everywhere,

All: Come, Lord Jesus!

Leader: Let us walk in the light of Jesus!

All: Come, Lord Jesus!

Exprésalo

Algo está mal en una de estas fotos. Encierra en un círculo la foto correcta.

↳ **RETO PARA EL DISCÍPULO** ¿Qué semana de Adviento está

celebrando esta corona? _____

Haz lo

Escribe una postal a otro discípulo para decirle lo que has aprendido sobre el Adviento. Incluye como celebrarás el Adviento.

Tarea

Con tu familia usen estas palabras para escribir una oración para el Adviento. Récenla juntos.

luz   **Adviento**

          prepararse

corona   **vela**

PROJECT DISCIPLE

 **Picture This**

Something is wrong with one of these pictures! Circle the picture that is correct.

↳**DISCIPLE CHALLENGE** Which week of Advent is this

wreath celebrating? _____

Make *it* Happen

Write a postcard to another disciple to tell him or her what you learned about Advent. Include how you will celebrate Advent.

Take Home

With your family use these words to write your own prayer for Advent. Pray it together.

light   **Advent**

            prepare

wreath   **candle**

Navidad es tiempo para glorificar a Dios.

NOS CONGREGAMOS

¿Con quién celebras la Navidad? ¿En quién piensas mientras celebras?

CREEMOS

Durante el tiempo de Navidad celebramos algo maravilloso. Celebramos el regalo más grande que Dios nos ha dado, su Hijo, Jesús. Damos gloria a Dios por el nacimiento de Jesús.

 Escenifica este drama de Navidad.

 Lucas 2:1–20

Narrador: Durante el tiempo antes del nacimiento de Jesús, se decretó una nueva regla. Todo hombre debía regresar al pueblo de donde era su padre. Tenían que ser contados y registrados.

José era de Belén. El fue a Belén con María.

"¡Gloria a Dios en las alturas!"

Lucas 2:14

Christmas

Advent | Christmas | Ordinary Time | Lent | Three Days | Easter | Ordinary Time

Christmas is a season to give glory to God.

WE GATHER

Who are the people you celebrate Christmas with? Who do you think about when you celebrate?

WE BELIEVE

During the Christmas season, we celebrate something wonderful. We celebrate God's greatest gift to us, his Son, Jesus. We give glory to God for the birth of Jesus.

 Act out this Christmas play.

 Luke 2:1–20

Narrator: During that time before Jesus' birth, a new rule was made. All men had to go back to the town of their father's family. They had to sign a list and be counted.

Joseph was from Bethlehem. So he had to go to Bethlehem with Mary.

"Glory to God in the highest."
Luke 2:14

"Y sucedió que mientras estaban en Belén, le llegó a María el tiempo de dar a luz. Y allí nació su primer hijo, y lo envolvió en pañales y lo acostó en el establo, porque no había alojamiento para ellos en el mesón". (Lucas 2:6–7)

En las lomas los pastores cuidaban sus ovejas.

Pastores: Miren. El cielo está iluminado.

Narrador: Un ángel apareció a los atemorizados pastores.

Angel: "No tengan miedo, porque les traigo una buena noticia, que será motivo de gran alegría para todos: Hoy les ha nacido en el pueblo de David un salvador, que es el Mesías, el Señor. Como señal, encontrarán ustedes al niño envuelto en pañales y acostado en un establo". (Lucas 2:10–12)

Narrador: De repente, muchos ángeles llegaron. Todos alababan a Dios diciendo.

Los ángeles: "¡Gloria a Dios en las alturas!" (Lucas 2:14)

Narrador: Los pastores corrieron a Belén. Encontraron a María, a José y al niño Jesús acostado en un pesebre. Los pastores contaron lo que los ángeles les habían dicho sobre el niño. Todos estaban sorprendidos. Los pastores regresaron a su trabajo diciendo:

Pastores: Alabado sea Dios. Honor y gloria a Dios. Amén.

El Tiempo de Navidad dura dos semanas. Empieza el día de Navidad. Se usa el blanco. Blanco es un color de luz y gozo. Verás este color durante la celebración de las misas.

"While they were there, the time came for her to have her child, and she gave birth to her firstborn son. She wrapped him in swaddling clothes and laid him in a manger, because there was no room for them in the inn." (Luke 2:6–7)

On the hills nearby, some shepherds were watching their sheep.

Shepherds: Look! The sky is filled with light!

Narrator: All of a sudden, an angel appeared. The shepherds were afraid.

Angel: "Do not be afraid; for behold, I proclaim to you good news of great joy that will be for all the people. For today in the city of David a savior has been born for you who is Messiah and Lord. You will find an infant wrapped in swaddling clothes and lying in a manger." (Luke 2:10–12)

Narrator: Suddenly, many angels were there. They were all praising God and saying:

Angels: "Glory to God in the highest." (Luke 2:14)

Narrator: The shepherds hurried to Bethlehem. They found Mary and Joseph, and the baby lying in the manger. The shepherds told them what the angels had said about this child. All were amazed. The shepherds went back to their fields, saying:

Shepherds: Praise God! Glory and praise to God forever! Amen!

The Christmas season lasts about two weeks. It begins on Christmas Day. The color is white. White is a color of light and joy. You will see this color during the celebration of the Mass.

Durante la Navidad, celebramos que Jesús es la Luz del Mundo. El está con nosotros ahora y siempre.

RESPONDEMOS

Jesús está con nosotros ahora y siempre. ¿Con quién vas a compartir esta noticia? ¿Cómo la vas a compartir?

✝ Respondemos en oración

Líder: Señor, nuestro Dios,
te alabamos por la luz de la creación:
el sol, la luna y las estrellas.
Te alabamos por Jesucristo, tu Hijo:
El es Emanuel, Dios con nosotros, Príncipe de Paz, quien nos llena de tu amor.

Todos: Te alabamos, Señor Dios.

🎵 Venid, fieles todos

Venid, fieles todos, a Belén vayamos
gozosos, triunfantes y llenos de amor,
y al rey de los cielos humilde veremos.

Venid, adoremos, venid, adoremos,
venid, adoremos a Cristo el Señor.

During the Christmas season, we celebrate that Jesus is the Light of the World. He is with us now and forever.

WE RESPOND

Jesus is with us now and forever. Who will you share this Good News with? How will you share it?

✝ We Respond in Prayer

Leader: Lord our God,
we praise you for the light of creation:
the sun, the moon, and the stars of
the night.
We praise you for Jesus Christ, your Son:
he is Emmanuel, God-with-us,
the Prince of Peace,
who fills us with the wonder of
your love.

All: We praise you, Lord God.

🎵 O Come, All Ye Faithful

O come, let us adore him,
O come, let us adore him,
O come, let us adore him,
Christ, the Lord!

HACIENDO DISCIPULOS

 **Celebra** Dibuja la historia del nacimiento de Jesús.

María y José van a Belén.	Jesús es puesto un pesebre.	Pastores visitan a Jesús.

 **Reza**

La Navidad es un buen tiempo para bendecir el hogar.

Dios creador del cielo y de la tierra,
bendice nuestro hogar.
Haz de este un lugar de paz y amor.
Amén.

Tarea

Hablen sobre formas en que llenarán su hogar de paz y amor durante el tiempo de Navidad.

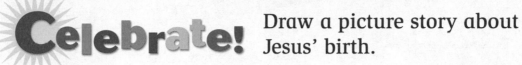

Celebrate!
Draw a picture story about Jesus' birth.

Mary and Joseph went to Bethlehem.	Jesus was laid in a manger.	Shepherds visited Jesus.

Pray Today

The Christmas season is a good time to bless your home.

Lord, Creator of heaven and earth, bless our home.
Make it a place of peace and love.
Amen.

Take Home

Talk about ways you can fill your home with peace and love during the Christmas season.

15 Jesús nos da la Eucaristía

NOS CONGREGAMOS

✝ Demos gracias a Jesús cantando.

 Pan de vida

Pan de vida, cuerpo del Señor,
cup of blessing, blood of Christ the Lord.
At this table the last shall be first.
Poder es servir, porque Dios es amor.

 ¿Qué comida especial has compartido?

CREEMOS

Jesús nos da vida.

 Escenifiquen la siguiente historia.

📖 Juan 6:2–14

Lector 1: Un día miles de personas fueron a escuchar a Jesús. El sabía que tenían hambre. Jesús pidió a sus discípulos que les dieran de comer.

Felipe: No podemos dar de comer a tanta gente.

Andrés: Un niño tiene cinco panes y dos peces.

Lector 2: Jesús tomó los panes y dio gracias. Pidió a sus discípulos repartirlos. Hubo comida para todos y sobró.

Todos: ¡Cuántas cosas maravillosas ha hecho Jesús por nosotros!

Jesus Gives Us the Eucharist

15

WE GATHER

✝ Let us thank Jesus by singing.

 Pan de vida

Pan de vida, cuerpo del Señor,
cup of blessing, blood of Christ the Lord.
At this table the last shall be first.
Poder es servir, porque Dios es amor.

 What special meals have you shared?

WE BELIEVE

Jesus brings us life.

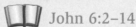 Act out the following story.

📖 John 6:2–14

Reader 1: One day thousands of people were listening to Jesus. He knew that they were hungry. Jesus asked his disciples to get food for all the people.

Philip: We could never find enough food to feed this many people!

Andrew: A boy has five loaves of bread and two fish.

Reader 2: Jesus took the loaves and gave thanks. He asked his disciples to give out the bread and fish. There was food for everyone and some leftover.

All: What a wonderful thing Jesus has done for us!

Jesús nos dijo: "Yo soy ese pan vivo que ha bajado del cielo; el que come de este pan, vivirá para siempre". (Juan 6:51)

Todos necesitamos pan para vivir y crecer. Todos necesitamos a Jesús para acercarnos más a Dios y compartir la vida de Dios. Jesús es el pan de vida. El es el Hijo de Dios que fue enviado para darnos vida.

♫ Canten "Pan de vida".

Jesús celebró una comida especial con sus discípulos.

Todos los años el pueblo judío celebra la fiesta de pascua. Durante este tiempo santo, ellos se reúnen a compartir una comida especial. En esta comida rezan y alaban. Dan gracias a Dios por todo lo que les ha dado.

La noche antes de morir, Jesús celebró la pascua con sus discípulos.

📖 Marcos 14:22–24

Durante esta comida Jesús tomó pan y lo bendijo. El partió el pan y lo dio a sus discípulos. El dijo: "Tomen, esto es mi cuerpo". (Marcos 14:22)

Después tomó la copa de vino y dio gracias. Todos los discípulos tomaron de la copa. Jesús dijo: "Esto es mi sangre". (Marcos 14:24)

Jesus told us, "I am the living bread that came down from heaven; whoever eats this bread will live forever." (John 6:51)

All of us need bread to live and grow. All of us need Jesus to grow closer to God and share in God's life. Jesus is the living bread. He is the Son of God who was sent to bring us life.

🎵 Sing "Pan de vida."

Jesus celebrated a special meal with his disciples.

Every year the Jewish people celebrate the feast of Passover. During this holy time, they gather to share a special meal. At this meal they say prayers of blessing. They thank God for all he has done.

On the night before he died, Jesus was with his disciples to celebrate the Passover meal with them.

📖 Mark 14:22–24

During the meal Jesus took bread and said a blessing. He broke the bread and gave it to his disciples. He said, "Take it; this is my body." (Mark 14:22)

Then Jesus took a cup of wine and gave thanks. All the disciples drank from this cup. Jesus said, "This is my blood." (Mark 14:24)

La comida que Jesús compartió con sus discípulos la noche antes de morir es llamada la **última cena**. En esta comida el pan y el vino se convirtieron en el Cuerpo y la Sangre de Jesucristo.

¿Por qué la última cena es una comida especial?

En la Eucaristía recordamos y celebramos lo que Jesús hizo en la última cena.

En la última cena Jesús dijo a sus discípulos que recordaran lo que él había hecho. Jesús quería que ellos recordaran y celebraran esta comida especial una y otra vez. El dijo: "Hagan esto en memoria de mí". (Lucas 22:19)

Cuando celebramos la Eucaristía la Iglesia sigue haciendo lo que Jesús pidió. **Eucaristía** es el sacramento del Cuerpo y la Sangre de Jesucristo. En este sacramento, el pan y el vino se convierten en el Cuerpo y la Sangre de Cristo. Eso sucede por el poder del Espíritu Santo y las palabras y gestos del sacerdote.

La palabra *eucaristía* significa "dar gracias". Cuando celebramos el sacramento damos gracias a Dios Padre por sus muchos regalos. Alabamos a Jesús por todo lo que ha hecho. Pedimos al Espíritu Santo nos ayude a acercarnos más a Dios y a los demás.

¿Qué puedes hacer esta semana para mostrar tu agradecimiento a Dios por sus regalos? Escribe tu respuesta.

The meal Jesus shared with his disciples on the night before he died is called the **Last Supper**. At this meal the bread and wine became the Body and Blood of Jesus Christ.

🧍 Why was the Last Supper a special meal?

In the Eucharist we remember and celebrate what Jesus did at the Last Supper.

At the Last Supper Jesus told the disciples to remember what he had just done. Jesus wanted them to remember and celebrate this special meal again and again. Jesus said, "Do this in memory of me." (Luke 22:19)

The Church continues to do as Jesus asked when we celebrate the Eucharist. The **Eucharist** is the sacrament of the Body and Blood of Jesus Christ. In this sacrament, the bread and wine become the Body and Blood of Christ. This is done by the power of the Holy Spirit and through the words and actions of the priest.

The word *eucharist* means "to give thanks." When we celebrate this sacrament, we thank God the Father for his many gifts. We praise Jesus for all he has done. We ask the Holy Spirit to help us grow closer to God and others.

🧍 What can you do this week to show that you are thankful for God's gifts? Write your answer.

_____

La misa es una comida y un sacrificio.

Otro nombre para la celebración de la Eucaristía es **misa.** La misa es una comida. Durante la misa recordamos lo que Jesús hizo en la última cena. El pan y el vino se convierten en el Cuerpo y la Sangre de Cristo. **Comulgar** es recibir el Cuerpo y la Sangre de Cristo. La comunión hace que la vida de Dios en nosotros sea más fuerte.

La misa es un sacrificio. *Sacrificio* es ofrecer un regalo a Dios. La palabra *ofrenda* significa "dar" o "presentar". Jesús ofreció el sacrificio más grande de todos los tiempos. El murió para darnos nueva vida. En cada misa recordamos el sacrificio de Jesús.

Cuando participamos en la misa recordamos y celebramos:

- Que Jesús se ofreció a sí mismo en la cruz. El murió para salvarnos del pecado.

- Jesús resucitó para que pudiéramos vivir felices con Dios para siempre.

- Jesús nos da su propio Cuerpo y Sangre en la sagrada comunión.

RESPONDEMOS

¿Cómo las ilustraciones en esta página te pueden ayudar a recordar la misa?

Vocabulario

última cena la comida que Jesús compartió con sus discípulos la noche antes de morir

Eucaristía el sacramento del Cuerpo y la Sangre de Jesucristo

misa la celebración de la Eucaristía

comulgar recibir el Cuerpo y la Sangre de Cristo

Como católicos...

Toda iglesia católica tiene un altar. En el altar se hace presente el sacrificio de Jesús. El altar es una mesa y nos recuerda la mesa de la última cena. De esta mesa recibimos a Jesús en la sagrada comunión.

Piensa en la iglesia donde tu comunidad parroquial se reúne para la misa. ¿Dónde está el altar? ¿Cómo es el altar?

As Catholics...

Every Catholic church has an altar. At the altar the sacrifice of Jesus is made present. The altar is a table and it reminds us of the table of the Last Supper. From this table we receive Jesus in Holy Communion.

Think about the church where your parish community gathers for Mass. Where is the altar? What does the altar look like?

The Mass is a meal and a sacrifice.

Another name for the celebration of the Eucharist is the **Mass**. The Mass is a meal. During the Mass we remember what Jesus did at the Last Supper. The bread and wine become the Body and Blood of Christ. **Holy Communion** is receiving the Body and Blood of Christ. Holy Communion makes the life of God within us stronger.

The Mass is a sacrifice. A *sacrifice* is an offering of a gift to God. The word *offer* means "to give" or "to present." Jesus offered the greatest sacrifice of all time. He died to bring us new life. At every Mass we remember Jesus' sacrifice.

When we take part in the Mass, we remember and celebrate that:

- Jesus offered his life for us on the cross. He died to save us from sin.

- Jesus rose to new life so that we could live happily with God forever.

- Jesus gives us his own Body and Blood in Holy Communion.

WE RESPOND

What can the pictures on these pages help you to remember about the Mass?

169

HACIENDO DISCÍPULOS

Muestra *lo* que sabes

Completa la tarjeta con las palabras del .

Vocabulario La comida que Jesús compartió con sus discípulos la noche antes de morir es

_____

Vocabulario El sacramento del Cuerpo y la Sangre de Cristo es

_____

Vocabulario Recibir el Cuerpo y la Sangre de Cristo es

_____

Vocabulario La celebración de la Eucaristía es también llamada

_____

Reza

Esta oración es una bendición para las comidas. Puedes rezarla antes de comer. Decora el marco.

Rézala con tu familia y amigos.

> *Bendícenos Señor, y a estos alimentos que generosamente nos has dado y que recibimos de tu bondad, por Jesucristo, nuestro Señor. Amén.*

PROJECT DISCIPLE

Show What *you* Know

Fill in each card.

 The meal that Jesus shared with his disciples on the night before he died is the

_____

 The sacrament of the Body and Blood of Jesus Christ is the

_____

 Receiving the Body and Blood of Christ is

_____

 The celebration of the Eucharist is called the

_____

This prayer is called *Grace Before Meals*. You can pray it before you enjoy a meal. Decorate the frame.

Pray this prayer with your family and friends.

Bless us, O Lord, and these your gifts which we are about to receive from your goodness, through Christ, our Lord. Amen.

HACIENDO DISCIPULOS

Realidad

En la Biblia leemos que Jesús dio de comer a los que tenían hambre. Podemos seguir el ejemplo de Jesús. Pon un ✔ al lado de lo que harán en familia para ayudar a los necesitados.

❏ Dar comida

❏ Tratar de no desperdiciar comida

❏ Ayudar en el banco de alimentos de la parroquia

❏ Rezar por los que no tienen que comer.

Otra forma: _____

Haz lo

Antes de la misa conversa con tu familia. Explícale que la misa es una comida y un sacrificio.

Tarea

Esta semana celebren una comida especial en familia. Juntos planifiquen el menú y las decoraciones.

Menú

_____

_____

Decoraciones

_____

_____

Pide a cada miembro de tu familia prepararse para comer. Juntos recen la acción de gracias antes de comer.

Reality Check

In the Bible, we read that Jesus fed many hungry people. We can follow Jesus' example. Check the ways that you and your family can help other families who are hungry.

❏ Give to food collections

❏ Try not to waste food

❏ Help out at your parish soup kitchen

❏ Pray for those people who are hungry

PARISH KITCHEN

Another way: _____

Make *it* Happen

Before Mass, talk with your family. Explain that the Mass is a meal and a sacrifice.

Take Home

This week, make one of your family meals a special celebration. Together, plan the menu and decorations.

Menu

_____

_____

Decorations

_____

_____

Ask each family member to help prepare for the meal in some way. Then, before your meal, pray the *Grace Before Meals*.

16

Nos reunimos para la celebración de la Eucaristía

NOS CONGREGAMOS

✝ **Líder:** Junten las manos y formen un círculo. Vamos a escuchar la palabra de Dios.

Lector: Jesús dijo: "Porque donde dos o tres se reúnen en mi nombre, allí estoy yo en medio de ellos". (Mateo 18:20)

Líder: Jesús, nos reunimos en tu nombre. Juntos damos gracias a Dios, nuestro Padre, por sus dones.

Todos: Dios, Padre nuestro, te damos gracias.

Piensa en algunos grupos de los que formas parte. ¿Cuándo se reúnen? ¿Qué hacen juntos?

CREEMOS

Estamos unidos a Jesucristo y a los demás.

En la última cena, Jesús dijo a sus discípulos que siempre estaría con ellos. También les dijo que siguieran cerca de él y de los demás. El les dijo: "Yo soy la vid, y ustedes son las ramas". (Juan 15:5) El les dijo que estaban unidos a él y a los demás como las ramas a la vid.

Jesús quería que sus discípulos trabajaran y rezaran juntos. El quería que compartieran el amor de Dios con todo el mundo.

WE GATHER

 Leader: Join hands to form a circle. Let us listen to God's Word.

Reader: Jesus said, "For where two or three are gathered together in my name, there am I in the midst of them." (Matthew 18:20)

Leader: Jesus, we gather in your name. Together we thank God our Father for his many gifts.

All: God our Father, we thank you.

Think of groups to which you belong. When do you gather? What do you do together?

WE BELIEVE

We are united to Jesus Christ and to one another.

At the Last Supper, Jesus told his disciples that he would always be with them. He also told them to stay close to him and to one another. He said, "I am the vine, you are the branches." (John 15:5) He told them that they were joined to him and one another as branches are joined to a vine.

Jesus wanted his disciples to work and pray together. He wanted them to share God's love with the whole world.

175

Somos discípulos de Jesús. Jesús está con nosotros siempre. Cuando celebramos el sacramento de la Eucaristía, Jesús está con nosotros de manera especial. El se da a sí mismo a nosotros. Recibimos el pan y el vino que se han convertido en el Cuerpo y la Sangre de Cristo. La sagrada comunión nos une a Jesús y a los demás. Jesús es la vid y nosotros las ramas.

 ¿Cómo puedes mantenerte junto a Jesús?

La Iglesia celebra la misa.

El domingo es un día especial. También se le llama *Día del Señor* porque Jesucristo resucitó a una nueva vida un domingo. Cada domingo los católicos se reúnen en sus parroquias para celebrar la misa.

La misa es la forma más elevada de adorar a Dios. Es por eso que la Iglesia nos pide participar en la misa cada domingo. También podemos celebrar la misa del domingo el sábado en la tarde.

Durante la misa nos reunimos a:

- alabar y dar gracias a Dios
- escuchar la palabra de Dios
- recordar la vida, muerte y resurrección de Jesús
- celebrar el regalo de Jesús mismo en la Eucaristía.

Al final de la misa somos enviados a vivir como Jesús nos enseñó.

 ¿Cómo puedes vivir el domingo como día del Señor?

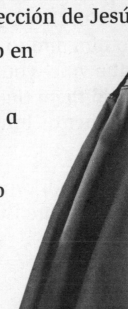

We are Jesus' disciples, too. Jesus is with us always. When we celebrate the Sacrament of the Eucharist, Jesus is with us in a special way. He gives himself to us. We receive the bread and wine that have become the Body and Blood of Christ. Holy Communion unites us to Jesus and to one another. Jesus is the vine and we are the branches.

How can you stay close to Jesus?

The Church celebrates the Mass.

Sunday is a special day. It is also called the *Lord's Day* because Jesus Christ rose to new life on this day. Every Sunday Catholics gather in their parishes for the celebration of the Mass.

The Mass is the greatest way to worship God. This is why the Church tells us to take part in the Mass every Sunday of the year. We can also celebrate the Sunday Mass on Saturday evening.

During Mass we gather to:

• praise and thank God

• listen to God's Word

• remember Jesus' life, Death, and Resurrection

• celebrate Jesus' gift of himself in the Eucharist.

At the end of Mass we are sent out to live as Jesus taught us.

How can you live Sunday as the Lord's Day?

177

La parroquia se reúne para celebrar la misa.

La comunidad de personas que se reúne para celebrar la misa se llama **asamblea**. Somos parte de la asamblea. La asamblea da gracias y alaba a Dios durante la misa. Un sacerdote dirige la asamblea en esta celebración.

Algunas veces un diácono ayuda en la celebración de la misa. El lee el evangelio y reza algunas oraciones especiales. También ayuda al sacerdote en el altar.

El sacerdote ofrece nuestras oraciones a Dios. El hace lo que Jesús hizo en la última cena.

Los acólitos hacen muchas cosas para ayudar al sacerdote y al diácono. Los lectores leen las primeras dos lecturas de la Biblia. Los ministros extraordinarios de la sagrada comunión ayudan a distribuir la comunión. Después de la misa, llevan la comunión a los que no pueden ir a misa.

¿Qué puedes hacer para participar en la misa ahora? ¿Qué puedes hacer para participar en la misa cuando seas mayor?

Como católicos...

Una de las leyes de la Iglesia es participar en la misa todos los domingos y otros días especiales. Esos días son llamados *días de precepto*.

En muchos lugares, la misa se celebra todos los días de la semana. Estamos invitados a participar en la misa todos los días. ¿Cómo participar en la misa nos ayuda a vivir como Jesús nos enseñó?

The parish gathers for the celebration of Mass.

The community of people who join together for the celebration of the Mass is called the **assembly**. We are part of the assembly. The assembly gives thanks and praise to God throughout the Mass. A priest leads the assembly in this celebration.

Sometimes a deacon takes part in the celebration of the Mass. The deacon reads the Gospel and prays some special prayers. He also helps the priest at the altar.

The priest offers our prayers to God. He does what Jesus did at the Last Supper.

Altar servers do many things to help the priest and deacon. Readers read the first two Bible readings. Extraordinary ministers of Holy Communion help give out Holy Communion. After Mass, they may bring Holy Communion to those who are not able to be at Mass.

What can you do to participate at Mass now? What can you do to participate at Mass as you get older?

As Catholics...

One of the laws of the Church is that we participate in the Mass every Sunday and on other special days. These other special days are called *holy days of obligation*. In many places, Mass is celebrated each day of the week. We are invited to take part in Mass every day. How does taking part in the Mass help us to live as Jesus taught us?

Cuando la misa empieza alabamos a Dios y le pedimos perdón.

Cuando nos reunimos para la misa, mostramos nuestro amor y agradecimiento a Dios. Empezamos la misa unidos como miembros de la Iglesia. Esto nos prepara para escuchar la palabra de Dios y para celebrar la Eucaristía. He aquí las formas en que participamos en el inicio de la misa.

Lee conmigo

- Nos saludamos.

- Nos ponemos de pie y cantamos para alabar a Dios como comunidad. El sacerdote, el diácono y los demás que ayudan en la misa caminan hacia el altar.

- Hacemos la señal de la cruz.

- El sacerdote dice: "El Señor esté con ustedes". Y respondemos: "Y con tu espíritu".

- Pedimos perdón a Dios y a la comunidad.

- Pedimos a Dios sea misericordioso. Rezamos con el sacerdote: "Señor, ten piedad. Cristo, ten piedad. Señor, ten piedad".

- Alabamos a Dios rezando: "Gloria a Dios en el cielo y en la tierra paz a los hombres".

- El sacerdote dice una oración de entrada. Respondemos: "Amén".

Vocabulario

asamblea la comunidad de personas que se reúne para celebrar la misa

RESPONDEMOS

¿Cuáles son algunas formas en que participarás en el inicio de la misa? Subraya las palabras que rezamos.

🎵 Cantaré alabanzas al Señor

Cantaré alabanzas al Señor,
cantaré, cantaré.
Toda la vida yo cantaré,
cantaré alabanzas al Señor.

When Mass begins, we praise God and ask for his forgiveness.

When we join together at Mass, we show God our love and thanks. The beginning of the Mass unites us as members of the Church. It prepares us to hear God's Word and to celebrate the Eucharist. Here are the ways we take part as Mass begins.

Read Along

- We greet one another.

- We stand and sing to praise God as a community. The priest, deacon, and others helping at Mass walk to the altar.

- We pray the Sign of the Cross.

- The priest prays, "The Lord be with you." We respond, "And with your spirit."

- We ask God and one another for forgiveness.

- We ask for God's mercy. We pray with the priest:
  "Lord, have mercy."
  "Christ, have mercy."
  "Lord, have mercy."

- We may praise God by praying:
  "Glory to God in the highest,
      and on earth peace to people of good will."

- The priest says an opening prayer.
  We respond, "Amen."

WE RESPOND

 What are some ways you take part in the beginning of the Mass? Underline the words we pray.

♫ God Is Here!

God is here! Come, let us celebrate!
God is here! Let us rejoice!
God is here! Come, let us celebrate!
God is here! Let us rejoice!

> **Key Word**
>
> **assembly** the community of people who join together for the celebration of the Mass

HACIENDO DISCÍPULOS

Muestra *lo* que sabes

ameslaba

Organiza las letras de la palabra del **Vocabulario**. _____

Dibuja lo que significa la palabra.

Exprésalo Termina la red.

Escuchamos

_____.

Celebramos

_____.

EN LA MISA

Alabamos

_____.

Recordamos

_____.

PROJECT DISCIPLE

Show What *you* Know

yamselsb

Unscramble the 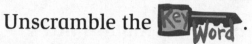.

_____

Draw what the word means.

Picture This

Finish the web.

We listen to

_____.

We celebrate

_____.

AT MASS

We praise

_____.

We remember

_____.

Orar
Conocer
Celebrar
Compartir
Expresar
Vivir

HACIENDO DISCIPULOS

Haz lo

En muchas parroquias hay personas que dan la bienvenida a los que asisten a misa. Esas personas saludan a la entrada de la Iglesia. Sus palabras ayudan a sentirse acogido y a saber que pertenecen a la Iglesia. Debemos saludarnos unos a otros. Esta es una buena forma de prepararnos para la celebración de la Eucaristía. ¿Cómo saludarás a alguien en la celebración de la misa el domingo?

Datos

Durante muchos años la Iglesia celebró la misa sólo en latín. Hoy, algunas parroquias celebran la misa en latín.

↳ **RETO PARA EL DISCIPULO**
Visita Algo en latín en **www.vivimosnuestrafe.com.**

Escucha la señal de la cruz en latín.

Tarea

Pon atención, este domingo, a lo que sucede en la misa. Conversa con tu familia sobre lo que pueden hacer para participar en la misa. Escríbelo en las líneas.

_____

_____

_____

Make it Happen

In many parishes, there are people who welcome us to the celebration of Mass. These people greet us as we enter the church. Their words help us to feel welcome and to know that we belong to the Church. We should greet one another, too. Greeting one another is a good way to prepare for the celebration of the Eucharist. What is one way you will greet someone at the celebration of Mass this Sunday?

Fast Facts

For many years, the Church celebrated Mass only in the Latin language. Today, some parishes offer Latin Masses.

↳ DISCIPLE CHALLENGE

Go to Latin Hall at **www.weliveourfaith.com.**

Listen to the Sign of the Cross in Latin.

Take Home

This Sunday, pay close attention to what happens at Mass. Talk about what your family does to take part in Mass. Write one thing on each line below.

_____

_____

_____

NOS CONGREGAMOS

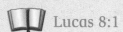

✝ **Lector:** Escuchemos el evangelio según San Lucas.

📖 Lucas 8:1

"Jesús anduvo por muchos pueblos y aldeas, proclamando y anunciando el reino de Dios".

Palabra del Señor.

Todos: Gloria a ti, Señor Jesús.

 ¿Por qué escuchar es importante?

CREEMOS

Escuchamos la palabra de Dios durante la Liturgia de la Palabra.

La misa tiene dos partes principales. La primera es la **Liturgia de la Palabra**. En ella escuchamos la palabra de Dios y lo adoramos.

En la misa de los domingos generalmente escuchamos tres lecturas bíblicas. Escuchamos sobre el amor de Dios por nosotros. Aprendemos formas de mostrar amor a Dios y a otros.

JESUS COMPARTE LA BUENA NUEVA CON NOSOTROS

We Celebrate the Liturgy of the Word

17

WE GATHER

✝ **Reader:** Let us listen to the Gospel according to Luke.

📖 Luke 8:1

Jesus "journeyed from one town and village to another, preaching and proclaiming the good news of the kingdom of God."

The Gospel of the Lord.

All: Praise to you, Lord Jesus Christ.

 Why is listening important?

WE BELIEVE

We listen to God's Word during the Liturgy of the Word.

The Mass has two main parts. The first main part of the Mass is the **Liturgy of the Word**. During the Liturgy of the Word, we worship God by listening to his Word from the Bible.

At Sunday Mass we usually hear three readings from the Bible. When we listen we hear about God's love for us. We learn ways to show our love for God and others.

La palabra de Dios siempre ha sido parte importante del culto de la Iglesia. Escuchamos la palabra de Dios durante la celebración de todos los sacramentos.

Organiza las letras y completa la oración.

s a r h c u e c

Al e _ _ _ _ _ _ _ la palabra de Dios, aprendemos a ser mejores seguidores de Jesús.

Escuchamos y respondemos a lecturas del Antiguo y del Nuevo Testamento.

La Liturgia de la Palabra empieza con la primera lectura. La primera lectura es generalmente tomada del Antiguo Testamento. Escuchamos sobre todas las cosas que Dios hizo por su pueblo antes de nacer Jesús. Recordamos que Dios siempre ha estado con su pueblo. Creemos que Dios está con nosotros.

Después de la primera lectura dejamos que la palabra de Dios entre en nuestros corazones. Después cantamos un salmo. **Salmo** es un canto de alabanza de la Biblia.

Luego escuchamos la segunda lectura tomada del Nuevo Testamento. Esta es sobre las enseñanzas de los apóstoles y el inicio de la Iglesia. Aprendemos como seguir a Jesús. Recordamos y damos gracias porque somos la Iglesia.

Al final de las dos primeras lecturas, el lector dice: "Palabra de Dios". Respondemos: "Te alabamos, Señor".

¿Qué puedes hacer para prepararte para las lecturas de la misa?

God's Word has always been an important part of the Church's worship. We hear God's Word during the celebration of all the sacraments.

> 👤 Unscramble the letters to complete the sentence.
>
> ## e g i l n s t i n
>
> By l_ _ _ _ _ _ _ _ _
> to God's Word, we learn to be better followers of Jesus.

We listen and respond to readings from the Old Testament and the New Testament.

The Liturgy of the Word begins with the first reading. The first reading is usually from the Old Testament. We hear about all the things God did for his people before Jesus was born. We remember that God has always been with his people. We believe that God is with us.

After the first reading we let God's Word enter our hearts. Then we sing a psalm. A **psalm** is a song of praise from the Bible.

Next we listen to the second reading from the New Testament. It is about the teachings of the Apostles and the beginning of the Church. We learn how to follow Jesus. We remember and give thanks that we are the Church.

At the end of the two readings, the reader says, "The word of the Lord." We respond, "Thanks be to God."

👤 What can you do to prepare for the readings at Mass?

Escuchamos la proclamación del evangelio.

En el Nuevo Testamento hay cuatro libros llamados evangelios: Mateo, Marcos, Lucas y Juan. En estos evangelios aprendemos la buena nueva sobre la vida y enseñanzas de Jesús. La tercera lectura en la Liturgia de la Palabra es tomada de uno de los evangelios.

El diácono o el sacerdote proclama el evangelio. Proclamar el evangelio quiere decir anunciar la buena nueva de Jesucristo con alabanza y gloria.

Esto es lo que hacemos:

- Nos ponemos de pie. Cantamos el aleluya u otras palabras de alabanza. Esto muestra que estamos listos para escuchar la buena nueva de Jesucristo.

- Escuchamos la proclamación del evangelio por un sacerdote o un diácono.

- Después el diácono o el sacerdote dice: "Palabra del Señor". Respondemos: "Gloria a ti, Señor Jesús".

Después del evangelio, el sacerdote o el diácono habla sobre las lecturas de la misa. Esto es la **homilía** y nos ayuda a entender las lecturas. Con la homilía aprendemos lo que significa creer y lo que podemos hacer como seguidores de Jesús.

¿Cómo mostramos que estamos listos para escuchar la buena nueva de Jesucristo?

We listen as the Gospel is proclaimed.

There are four books in the New Testament called Gospels: Matthew, Mark, Luke, and John. In these Gospels we learn the Good News about Jesus' life and teaching. The third reading of the Liturgy of the Word is from one of the Gospels.

The deacon or priest proclaims the Gospel. To proclaim the Gospel means to announce the Good News of Jesus Christ with praise and glory.

This is what we do:

- We stand. We sing the alleluia or other words of praise. This shows we are ready to listen to the Good News of Jesus Christ.

- We listen as the deacon or priest proclaims the Gospel.

- Then the deacon or priest says, "The Gospel of the Lord." We respond, "Praise to you, Lord Jesus Christ."

After the Gospel, the priest or deacon talks about the readings at Mass. In this talk he helps us to understand the readings. This talk is called the **homily**. Through the homily we learn what it means to believe and what we can do to be followers of Jesus.

How do we show we are ready to listen to the Good News of Jesus Christ?

Juntos rezamos el credo y la oración de los fieles.

Después de la homilía nos ponemos de pie para rezar el credo. En esta oración mostramos nuestra fe. Decimos lo que creemos como cristianos.

La palabra *credo* significa "fe". Decimos que creemos en Dios Padre, Jesucristo y el Espíritu Santo. También que creemos en la Iglesia y en el perdón de los pecados.

Después del credo rezamos por las necesidades del pueblo de Dios. Esta oración es llamada oración de los fieles.

Vocabulario

Liturgia de la Palabra la primera parte de la misa en la que escuchamos la palabra de Dios

salmo canto de alabanza de la Biblia

homilía palabras que el sacerdote o el diácono dice sobre las lecturas de la misa para ayudarnos a entenderlas y vivirlas

RESPONDEMOS

Lee lo que hace una persona que escucha. Pon una marca al lado de cada cosa que puedes hacer durante la Liturgia de la Palabra el próximo domingo.

_____ Mirar la persona que está haciendo las lecturas.

_____ Atender a lo que está diciendo el lector.

_____ Imaginar lo que el lector está diciendo.

¿Qué más haces para participar en la Liturgia de la Palabra?

Key Words

Liturgy of the Word the first main part of the Mass when we listen to God's Word

psalm a song of praise from the Bible

homily the talk given by the priest or deacon at Mass that helps us understand the readings and how we are to live

Together we pray the Creed and the Prayer of the Faithful.

After the homily we stand to pray the Creed. In this prayer we show our faith. We say what we believe as Christians.

The word *creed* comes from a word that means "believe." We say that we believe in God the Father, Jesus Christ, and the Holy Spirit. We also say that we believe in the Church and in God's forgiveness of our sins.

After the Creed, we pray for the needs of all God's people. This prayer is called the Prayer of the Faithful.

WE RESPOND

Read what good listeners do. Put a check beside each thing you can do next Sunday during the Liturgy of the Word.

_____ Look at the person who is reading or speaking.

_____ Pay close attention to what the reader or speaker is saying.

_____ Picture in your mind what the reader or speaker is talking about.

What else will you do to take part in the Liturgy of the Word?

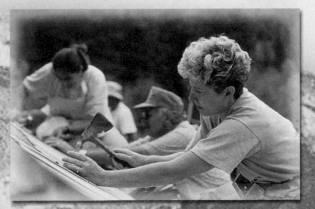

HACIENDO DISCÍPULOS

Muestra lo que sabes

Colorea las palabras del 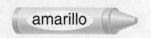 usando el color al lado de la definición.

 **rojo** — la primera parte de la misa, cuando escuchamos la palabra de Dios

 **azul** — canto de alabanza tomado de la Biblia

amarillo — palabras ofrecidas por el sacerdote o el diácono que nos ayudan a entender las lecturas y como vivirlas

salmo

liturgia **de la** palabra

homilía

Investiga

Escucha con atención al sacerdote, o al diácono, el domingo en la misa. Después pregúntate: ¿cuándo tuvo lugar la homilía? ¿Qué dijo el sacerdote, o el diácono, que nos ayuda a vivir como discípulos de Jesús?

PRAY Learn Celebrate Share Choose Live

PROJECT DISCIPLE

Show What you Know

Use this color code to color the  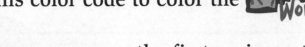.

 **red**   the first main part of the Mass when we listen to God's Word

 **blue**   a song of praise from the Bible

yellow   the talk given by the priest or deacon that helps us understand the readings and how we are to live

psalm

Liturgy of the Word

homily

More to Explore

At Mass this Sunday, listen closely to the priest's or deacon's homily. Then ask yourself these questions. When did the homily take place? What did the priest or deacon say that helps me to live as a disciple?

Haz *lo*

Ayuda a proclamar la buena nueva.
Escribe una columna de consejos para otros
discípulos sobre como pueden ser como Jesús
en sus comunidades.

Queridos discípulos:

Reza

Los líderes del mundo tienen
grandes responsabilidades. Es
por eso que es importante rezar
por ellos. Rezamos por ellos en
la plegaria universal los
domingos. También podemos
rezar por ellos en otros
momentos. Haz una oración
por los líderes del mundo.

Tarea

Dirige a tu familia en esta oración.
Pide que respondan "Señor, escucha
nuestra oración" después de cada
petición.

Por toda la Iglesia,
Por nuestra parroquia,
Por todos lo enfermos y necesitados,

↳ **RETO PARA EL DISCÍPULO** Añade tu
propia oración.

196

PROJECT DISCIPLE

Make it Happen

Help proclaim the Good News!
Write an advice column to other disciples about ways they can be like Jesus in their communities.

Dear Disciples,

Pray Today

Leaders of the world have great responsibilities. That is why it is important to pray for them. We pray together for them during the Prayer of the Faithful on Sunday. We can also pray for them at other times. Say a prayer now for world leaders.

Take Home

Lead your family members in this prayer. Have them say, "Lord, hear our prayer" after each part of the prayer.

For the whole Church,
For all those in our parish,
For those who are sick or in need,

↪ **DISCIPLE CHALLENGE** Add your own.

_____

NOS CONGREGAMOS

✝ **Líder:** Escriban sus iniciales en cada caja de regalo para mostrar que ofrecen a Dios todo lo que piensan, dicen y hacen.

Repitan cada oración.

Levantamos nuestras mentes y corazones en oración.
Dios, te ofrecemos este día.
Lo que pensemos, hagamos o digamos.
Unidos a lo hecho en la tierra.
Por tu Hijo Jesucristo.

 ¿Cuáles son algunas formas en que mostrarás agradecimiento a otros?

CREEMOS

Ofrecemos los regalos de pan y vino.

La **Liturgia de la Eucaristía** es la segunda parte de la misa. Aquí presentamos el pan y el vino. Se hace una oración muy especial. El pan y el vino se convierten en el Cuerpo y la Sangre de Cristo. Recibimos el Cuerpo y la Sangre de Cristo.

El sacerdote prepara el altar para iniciar la Liturgia de la Eucaristía. Es también el momento en que ofrecemos dinero y nuestros regalos a la Iglesia y a los pobres. Los miembros de la asamblea ofrecen sus regalos de pan y vino.

WE GATHER

✝ **Leader:** Write your initials in each gift box to show that you offer God all that you say, think, and do.

Echo each line of the prayer.

We lift our minds and hearts in prayer.
God, we offer to you today
All we think, and do, and say,
Uniting it with what was done
On earth by Jesus Christ, your Son.

 What are some different ways to show your thanks to others?

WE BELIEVE

We bring forward the gifts of bread and wine.

The **Liturgy of the Eucharist** is the second main part of the Mass. During the Liturgy of the Eucharist we present the gifts of bread and wine. A very special prayer is prayed. The bread and wine become the Body and Blood of Christ. We receive the Body and Blood of Christ.

The Liturgy of the Eucharist begins as the priest prepares the altar. This is also the time when we give money or other gifts for the Church and the poor. Then members of the assembly bring forward the gifts of bread and wine.

Recordamos que todo lo que tenemos es un regalo de Dios. Ofrecemos a Dios esos regalos y el regalo de nosotros mismos. El sacerdote prepara los regalos de pan y vino con oraciones especiales. Respondemos: "Bendito seas por siempre, Señor". Después pedimos al Señor que acepte nuestros regalos.

La plegaria eucarística es la oración de acción de gracias y alabanza más grande.

Después de la preparación de los regalos, el sacerdote reza en nuestro nombre. El hace la oración más importante de la misa. Esta es la **plegaria eucarística**. Esta es la oración de alabanza y acción de gracias más grande.

Durante esta oración rezamos por muchas cosas. Alabamos a Dios cantando: "Santo, santo, santo. . .". Recordamos lo que Jesús hizo y dijo en la última cena.
El sacerdote toma el pan y dice: "Tomen y coman todos de él, esto es mi cuerpo que será entregado por ustedes".

Después el sacerdote toma la copa de vino y dice: "Tomen y beban todos de ella, esto es el cáliz de mi sangre. . ."

Lee conmigo

Esta parte de la plegaria eucarística es llamada consagración. Por el poder del Espíritu Santo y por las palabras y acciones del sacerdote, el pan y el vino se convierten en el Cuerpo y la Sangre de Cristo. Lo que parece pan y vino ya no es pan y vino. El pan y el vino son ahora el Cuerpo y la Sangre de Cristo. Como católicos creemos que Jesucristo está realmente presente en la Eucaristía.

El sacerdote nos invita a proclamar nuestra fe. Rezamos:

"Anunciamos tu muerte,
proclamamos tu resurrección.
¡Ven, Señor Jesús!"

Rezamos para que el Espíritu Santo una a todos los que creen en Jesús. Terminamos la plegaria eucarística respondiendo "Amén". Decimos "sí" a la oración que el sacerdote ha rezado en nuestro nombre.

Habla sobre lo que pasa durante la plegaria eucarística.

We remember that everything we have is a gift from God. We will offer these gifts and ourselves back to God. The priest prepares these gifts of bread and wine with special prayers. We can respond: "Blessed be God for ever."

Then we pray that the Lord will accept these gifts.

The Eucharistic Prayer is the great prayer of thanks and praise.

After the preparation of the gifts, the priest prays in our name. He prays the most important prayer in the Mass. This prayer is called the **Eucharistic Prayer**. It is the great prayer of praise and thanksgiving.

During this prayer we pray for many things. We praise God by singing "Holy, holy, holy. . . ." We remember what Jesus said and did at the Last Supper. The priest takes the bread. He says: "TAKE THIS, ALL OF YOU, AND EAT OF IT, FOR THIS IS MY BODY, WHICH WILL BE GIVEN UP FOR YOU."

Then the priest takes the cup of wine. He says: "TAKE THIS, ALL OF YOU, AND DRINK FROM IT; FOR THIS IS THE CHALICE OF MY BLOOD. . . ."

Read Along

This part of the Eucharistic Prayer is called the Consecration. By the power of the Holy Spirit and through the words and actions of the priest, the bread and wine become the Body and Blood of Christ. What looks like bread and wine is not bread and wine anymore. The bread and wine are now the Body and Blood of Christ. As Catholics we believe that Jesus Christ is really present in the Eucharist.

The priest invites us to proclaim our faith. We pray: "When we eat this Bread and drink this Cup, we proclaim your Death, O Lord until you come again."

We pray that the Holy Spirit will unite all those who believe in Jesus. We end the Eucharistic Prayer by responding "Amen." We are saying "yes" to the prayer the priest has prayed in our name.

 Talk about what happens during the Eucharistic Prayer.

Rezamos el Padrenuestro y pedimos a Dios perdón y paz.

Después de la plegaria eucarística nos preparamos para recibir el Cuerpo y la Sangre de Cristo. Nos unimos a toda la Iglesia. Rezamos el Padrenuestro.

Después del Padrenuestro el sacerdote dice: "La paz os dejo, mi paz os doy". Rezamos para que la paz de Cristo esté siempre con nosotros. Nos damos el saludo de paz. Esta acción muestra que estamos unidos a Cristo y a los demás.

Después pedimos a Jesús perdón y paz:

"Cordero de Dios, que quitas el pecado del
     mundo,
     ten piedad de nosotros.

Cordero de Dios, que quitas el pecado del
     mundo,
     ten piedad de nosotros.

Cordero de Dios, que quitas el pecado del
     mundo,
     danos la paz".

Mientras rezamos el "Cordero de Dios", el sacerdote parte la Hostia que ha sido convertida en el Cuerpo de Cristo.

👤 ¿Por qué nos damos el saludo de la paz en la misa?

Como católicos...

La Iglesia usa un plato y una copa especiales en la misa. El plato se llama *patena*. La patena sostiene el pan que se convertirá en el Cuerpo de Cristo. La copa se llama *cáliz*. El cáliz contiene el vino que será la Sangre de Cristo. La próxima vez que estés en misa fíjate en la patena y en el cáliz.

We pray the Our Father and ask God for forgiveness and peace.

After the Eucharistic Prayer, we prepare to receive the Body and Blood of Christ. We join ourselves with the whole Church. We pray the Our Father.

After the Our Father, the priest prays, "Peace I leave with you; my peace I give to you." (John 14:27) We pray that Christ's peace may be with us always. We offer a sign of peace to one another. This action shows that we are united to Christ and to one another.

Then we ask Jesus for forgiveness and peace:

"Lamb of God, you take away
   the sins of the world,
  have mercy on us.

Lamb of God, you take away
   the sins of the world,
  have mercy on us.

Lamb of God, you take away
   the sins of the world,
  grant us peace."

As we pray the "Lamb of God," the priest breaks the Bread or Host that has become the Body of Christ.

Why do we share a sign of peace at Mass?

As Catholics...

The Church uses a special plate and cup at Mass. The plate is called a *paten*. The paten holds the bread that will become the Body of Christ. The cup is called a *chalice*. The chalice holds the wine that will become the Blood of Christ. The next time you are at Mass, notice the paten and chalice.

Recibimos a Jesucristo en la sagrada comunión.

Después del "Cordero de Dios" el sacerdote sostiene la Hostia que es ahora el Cuerpo de Cristo y dice: "Este es el Cordero de Dios que quita el pecado del mundo. Dichosos los invitados a la cena del Señor".

Contestamos:
"Señor, no soy digno de que entres en mi casa, pero una palabra tuya bastará para sanarme".

Después el pueblo va a recibir la comunión. El sacerdote, el diácono o el ministro extraordinario de la sagrada comunión muestra la Hostia a la persona y dice: "El Cuerpo de Cristo". La persona responde: "Amén" y recibe la comunión.

Después el sacerdote, el diácono o el ministro extraordinario de la sagrada comunión ofrece la copa a la persona y dice: "La Sangre de Cristo". La persona contesta: "Amén" y bebe de la copa.

Todos cantamos un himno de acción de gracias. Después pasamos un momento en oración. Damos gracias a Jesús por el regalo de sí mismo en la comunión.

RESPONDEMOS

Escribe lo que puedes hacer para dar gracias a Jesús por el regalo de sí mismo en la Eucaristía.

Key Words

Liturgy of the Eucharist the second main part of the Mass in which the gifts of bread and wine become the Body and Blood of Christ

Eucharistic Prayer the most important prayer of the Mass

We receive Jesus Christ in Holy Communion.

After the "Lamb of God," the priest holds up the Host that has become the Body of Christ. He says,

"Behold the Lamb of God,
behold him who takes away the sins of
the world.
Blessed are those called to supper of
the Lamb."

We respond,
"Lord, I am not worthy that you should enter under my roof, but only say the word and my soul shall be healed."

Then people go forward to receive Communion. The priest, deacon, or extraordinary minister of Holy Communion shows the Host to each person and says, "The Body of Christ." Each person responds, "Amen" and receives Holy Communion.

Then the priest, deacon, or extraordinary minister of Holy Communion may hand the cup to each person saying, "The Blood of Christ." Each person responds, "Amen" and drinks from the cup.

We all sing a song of thanksgiving. Then there is quiet time. We thank Jesus for the gift of himself in Holy Communion.

WE RESPOND

Write what you can do to thank Jesus for the gift of himself in the Eucharist.

HACIENDO DISCIPULOS

Muestra *lo* que sabes

Encierra en un círculo la palabra del
que nombra la segunda parte de la misa en la que las ofrendas de pan y vino se convierten en el Cuerpo y la Sangre de Cristo.

Subraya la palabra del **Vocabulario** que indica cual es la oración más importante de la misa.

Liturgia de la Eucaristía	plegaria eucarística

Celebra

Ordena las partes de la Liturgia de la Eucaristía. La primera se escogió.

☐ saludo de la paz

1 presentación de las ofrendas

☐ el Padrenuestro

☐ el Cordero de Dios

☐ la comunión

☐ plegaria eucarística

PROJECT DISCIPLE

Show What *you* Know

Circle the **Key Word** that names the second main part of the Mass in which the gifts of bread and wine become the Body and Blood of Christ.

Underline the **Key Word** that names the most important prayer of the Mass.

Liturgy of the Eucharist	Eucharistic Prayer

Celebrate!

Put the parts of the Liturgy of the Eucharist in order. The first one has been done for you.

	Sign of peace
1	Presentation of gifts
	Our Father
	Lamb of God
	Holy Communion
	Eucharistic Prayer

Orar
Conocer
Celebrar
Compartir
Expresar
Vivir

HACIENDO DISCIPULOS

Exprésalo

Mira la foto. ¿Qué importante oración está haciendo el sacerdote en nuestro nombre?

_____

_____

Haz lo

En algunas parroquias hay voluntarios que rezan por los que se están preparando para celebrar la primera comunión. En el espacio en blanco escribe una oración para ellos.

↳ **RETO PARA EL DISCIPULO** Reza tu oración por los que reciben la comunión por primera vez en tu parroquia.

Tarea

Conversa con tu familia sobre porque es un honor llevar las ofrendas al altar durante la misa. Escribe aquí tus ideas.

_____

_____

_____

_____

Picture This

Look at the photo. What important prayer is the priest praying in our name?

___ ___ ___ ___ ___ ___ ___ ___ ___ ___ ___ ___ ___ ___ ___

___ ___ ___ ___ ___ ___ ___

Make it Happen

In some parishes, people volunteer to be prayer partners with those preparing for their first Holy Communion. In the space below, write a prayer for prayer partners to pray together.

↳ **DISCIPLE CHALLENGE** Pray your prayer for those receiving first Holy Communion in your parish.

Take Home

Discuss with your family why it is an honor to bring forward the gifts at Mass. Write your thoughts here.

_____

_____

_____

_____

NOS CONGREGAMOS

✝ **Líder:** Vamos a escuchar lo que Jesús dijo a sus discípulos en la última cena.

Lector: Jesús dijo: "Les doy este mandamiento nuevo: Que se amen los unos a los otros. Así como yo los amo a ustedes, así deben amarse ustedes los unos a los otros". (Juan 13:34–35)

¿Has sido enviado a hacer algo alguna vez? ¿Quién te envió? ¿Qué hiciste y qué no hiciste?

CREEMOS

Somos enviados a compartir el amor de Dios con otros.

Los primeros discípulos fueron enviados a continuar la misión de Jesús. También nosotros somos discípulos. Jesús nos pide continuar su misión. Al final de cada misa el sacerdote nos envía a compartir el amor de Dios con otros.

Antes de enviarnos, el sacerdote nos bendice. El hace la señal de la cruz y dice:

"La bendición de Dios todopoderoso, Padre, Hijo y ✝ Espíritu Santo".

Respondemos: "Amén".

WE GATHER

✝ **Leader:** Let us listen to what Jesus told his disciples at the Last Supper.

Reader: Jesus said, "As I have loved you, so you also should love one another. This is how all will know that you are my disciples, if you have love for one another." (John 13:34–35)

 Have you ever been sent to do something? Who sent you? What did you do?

WE BELIEVE

We are sent to share God's love with others.

The first disciples were sent out to continue Jesus' work. We are also disciples. Jesus asks us to continue his work, too. At the end of every Mass, the priest sends us out to share God's love with others.

Before we are sent out, the priest blesses us. We make the Sign of the Cross as he says,

"May almighty God bless you,
    the Father, and the Son,
    ✝ and the Holy Spirit."

We respond, "Amen."

Después el diácono o el sacerdote dice: "Podéis ir en paz".

Respondemos: "Demos gracias a Dios".

✍ Escribe un mensaje de aliento para un enfermo.

Jesús está presente en el Santísimo Sacramento.

Después de la comunión quedan Hostias que no fueron distribuidas. Estas Hostias son llamadas **Santísimo Sacramento**. Santísimo Sacramento es otro nombre para la Eucaristía.

El Santísimo Sacramento se coloca en un lugar especial en la iglesia llamado **tabernáculo**. Una luz o vela especial cerca del tabernáculo nos recuerda que Jesús está realmente presente en el Santísimo Sacramento.

Después de la misa y en otras ocasiones, sacerdotes, diáconos y ministros extraordinarios de la sagrada comunión toman el Santísimo Sacramento del tabernáculo para llevar la comunión a personas de la parroquia que no pueden ir a misa.

Como católicos...

El Santísimo Sacramento se mantiene en el tabernáculo en la iglesia. Jesús está realmente presente en el Santísimo Sacramento. Podemos visitar a Jesús en el Santísimo Sacramento. Durante nuestras visitas, podemos hablar con Jesús y decirle que le amamos. Podemos estar con Jesús, nuestro amigo y darle las gracias por todo su amor y ayuda. Podemos pedirle nos ayude a amar y ayudar a los demás.

Busca el lugar donde se encuentra el tabernáculo en tu parroquia.

Then the deacon or priest may say,
   "Go in peace."

We respond, "Thanks be to God."

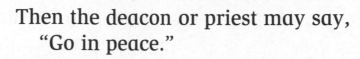 Write a get-well message for someone who is sick.

Jesus is present in the Blessed Sacrament.

After Holy Communion there may be Hosts that have not been received. These Hosts are called the Blessed Sacrament. The **Blessed Sacrament** is another name for the Eucharist.

The Blessed Sacrament is kept in the special place in the church called the **tabernacle**. A special light or candle near the tabernacle reminds us that Jesus is really present in the Blessed Sacrament.

After Mass and at other times, priests, deacons, and extraordinary ministers of Holy Communion take the Blessed Sacrament from the tabernacle. They bring the Blessed Sacrament as Holy Communion to those who are not able to join the parish community for Mass.

As Catholics...

The Blessed Sacrament is kept in the tabernacle in church. Jesus is really present in the Blessed Sacrament. We can visit Jesus in the Blessed Sacrament. During our visits, we can talk to Jesus and tell him that we love him. We can be with Jesus our friend and thank him for all of his love and care. We can ask him to help us love and care for others.

Find out where the tabernacle is in your parish church.

213

El Santísimo Sacramento fortalece a todo el que lo recibe.

🏃 Hablen sobre formas en que pueden compartir el amor de Dios con los enfermos.

Jesús está con la Iglesia mientras compartimos el amor de Dios.

Los primeros cristianos celebraban la Eucaristía con frecuencia. Recibir a Jesús en la Eucaristía ayudaba a su comunidad. Ellos estaban unidos a Jesús y unos con otros.

Los primeros cristianos aprendieron a rezar juntos. Ellos compartían lo que tenían con los necesitados. Trataban de ayudar a los que estaban tristes y solos. Cuando la gente veía la forma en que los primeros cristianos vivían, ellos querían ser miembros de la comunidad de Jesús, la Iglesia.

Recibir a Jesús en la comunión nos ayuda a amar a Dios y a los demás. Nos ayuda a ser seguidores de Jesús, a ser parte de nuestra parroquia. Juntos mostramos como es el amor de Dios.

🏃 Escribe una forma en que podemos seguir el ejemplo de los primeros cristianos.

_____

The Blessed Sacrament strengthens all those who receive it.

 Talk about ways we can share God's love with those who are sick.

Jesus is with the Church as we share God's love.

The early Christians celebrated the Eucharist often. Receiving Jesus in the Eucharist helped their community. They were united with Jesus and one another.

The early Christians learned and prayed together. They shared what they had with those in need. They tried to help those who were sad or lonely. When people looked at the way the early Christians lived, they wanted to become a part of Jesus' community, the Church.

Receiving Jesus in Holy Communion helps us to love God and others. It helps us to be followers of Jesus. It helps us to be part of our parish. Together we show others what God's love is like.

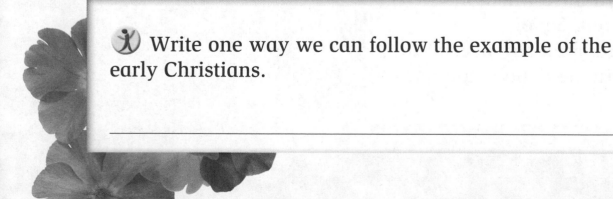 Write one way we can follow the example of the early Christians.

_____

Jesús está con nosotros mientras compartimos su paz con los demás.

Durante la misa pedimos a Jesús que nos dé paz. Al final de la misa el diácono o el sacerdote nos dice: "Podéis ir en paz". Jesús quiere que compartamos su paz con los demás.

Cada vez que tomamos decisiones pacíficas, estamos predicando el amor y la paz de Jesús al mundo.

RESPONDEMOS

 ¿Cómo puedes ser discípulo de Jesús y compartir su amor con los miembros de tu familia?

¿Con las personas en tu escuela?

¿Con las personas en tu vecindario?

🎵 **Tu palabra me llena**

Tu palabra me llena,
me llena, Señor.
Tu palabra me alimenta,
me alimenta, Señor.
Tu palabra alimenta mi espíritu.
Tu palabra me llena de gloria.

Jesus is with us as we share his peace with others.

During Mass we ask Jesus to give us peace. At the end of Mass, the deacon or priest tells us, "Go in peace." Jesus wants us to share his peace with others.

Every time we make a choice to be peaceful, we spread Jesus' love and peace throughout the world.

WE RESPOND

How can you be a disciple of Jesus and share his love with your family? with people in your school? with people in your neighborhood?

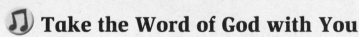

♫ Take the Word of God with You

Take the peace of God with you as you go.
Take the seeds of God's peace and make them grow.

Go in peace to serve the world,
    in peace to serve the world.
Take the love of God, the love of God
    with you as you go.

HACIENDO DISCÍPULOS

Muestra *lo* que sabes

Escribe una oración usando las dos palabras del **Vocabulario**.

tabernáculo

Santísimo Sacramento

_____

_____.

¿Qué *harás*?

Imagina que puedes escribir una receta para ser discípulo. ¿Qué ingredientes incluirías?

1 taza de amor de Dios

1 taza de _____

1 taza de _____

½ taza de _____

1 cucharadita de _____

PROJECT DISCIPLE

Show What you Know

Write the two **Key Words** in one sentence.

tabernacle

Blessed Sacrament

_____

_____.

What Would you do?

Imagine that you could write a recipe for being a disciple. What are some ingredients it might include?

1 cup of God's love

1 cup of _____

1 cup of _____

½ cup of _____

1 teaspoon of _____

Orar
Conocer
Celebrar
Compartir
Expresar
y Vivir

HACIENDO DISCÍPULOS

Haz lo

Escribe una historia sobre uno de los primeros cristianos que fue amigo de Jesús. Después, comparte tu historia con tus compañeros y familiares. Conversa sobre formas en que ese cristiano se parece a un discípulo de hoy.

Tarea

Haz una lista de cosas que hacen que haya más paz en la vida en la familia.

_____

_____

_____

Hablen en familia sobre la lista.

RETO PARA EL DISCIPULO Decidan lo que pueden hacer esta semana para que haya más paz en tu hogar.

Pray
Learn
Celebrate
Share
Choose
Live

PROJECT DISCIPLE

Make *it* Happen

Write a story about an early Christian who was a friend and follower of Jesus. Then, share the story with your classmates and family. Talk about ways this early Christian is like a disciple today.

Take Home

Make a list of things that make family life more peaceful.

_____

_____

_____

As a family, talk about your list.

↳ **DISCIPLE CHALLENGE** Decide on one thing you all can do this week to make your home more peaceful.

Cuaresma

Cuaresma es un tiempo de preparación.

NOS CONGREGAMOS

Algunas veces un lema especial puede destacar algo. Piensa en algunos lemas de marcas que conoces. ¿Qué destacan?

CREEMOS

La Cuaresma es un tiempo para recordar todo lo que Jesús hizo para salvarnos. Es tiempo para prepararnos. Nos preparamos para la celebración de la Pascua y la nueva vida que Jesús nos trae.

"Arrepiéntete y cree en el Evangelio".

Imposición de la ceniza

Lent

Lent is a season of preparing.

WE GATHER

Sometimes a special logo or mark stands for something or someone. Think about some logos or marks that you know. What do they stand for?

WE BELIEVE

Lent is a time of remembering all that Jesus did to save us. It is a time to get ready. We get ready for the celebration of Easter and the new life that Jesus brings us.

"Turn away from sin and be faithful to the gospel."

The Marking of Ashes

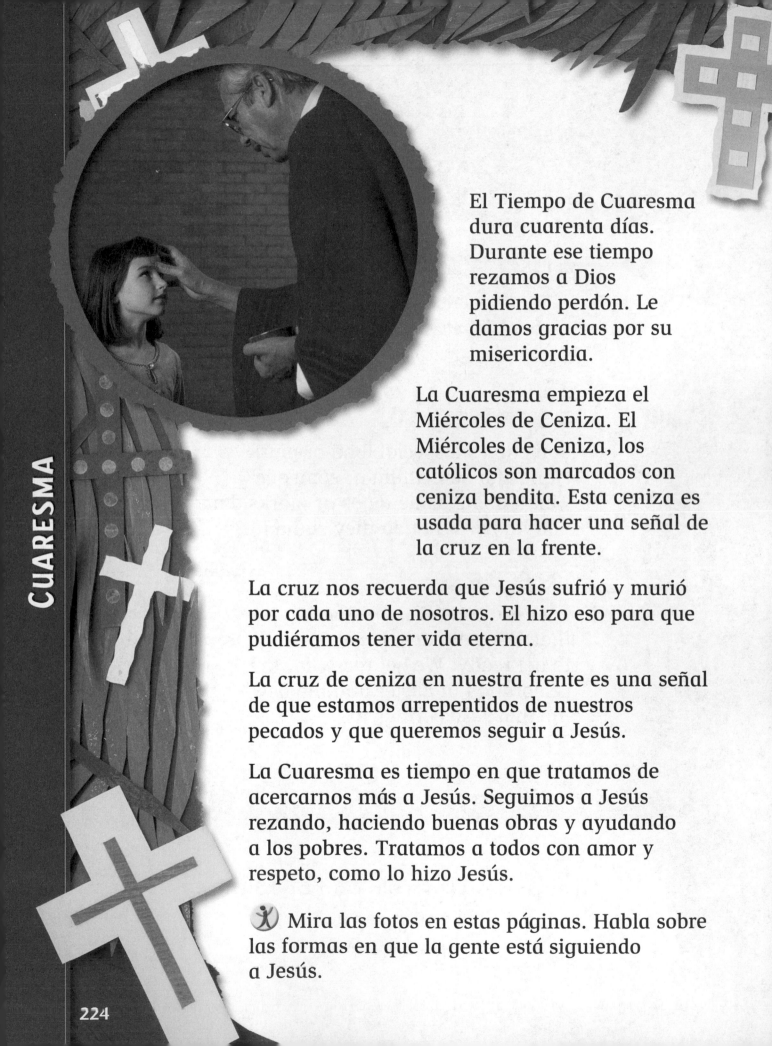

El Tiempo de Cuaresma dura cuarenta días. Durante ese tiempo rezamos a Dios pidiendo perdón. Le damos gracias por su misericordia.

La Cuaresma empieza el Miércoles de Ceniza. El Miércoles de Ceniza, los católicos son marcados con ceniza bendita. Esta ceniza es usada para hacer una señal de la cruz en la frente.

La cruz nos recuerda que Jesús sufrió y murió por cada uno de nosotros. El hizo eso para que pudiéramos tener vida eterna.

La cruz de ceniza en nuestra frente es una señal de que estamos arrepentidos de nuestros pecados y que queremos seguir a Jesús.

La Cuaresma es tiempo en que tratamos de acercarnos más a Jesús. Seguimos a Jesús rezando, haciendo buenas obras y ayudando a los pobres. Tratamos a todos con amor y respeto, como lo hizo Jesús.

Mira las fotos en estas páginas. Habla sobre las formas en que la gente está siguiendo a Jesús.

The season of Lent lasts forty days. During that time we pray to God and ask for his forgiveness. We thank him for his mercy.

Lent begins on a day called Ash Wednesday. On Ash Wednesday, Catholics are marked with blessed ashes. The ashes are used to make a cross on our foreheads.

The cross reminds us that Jesus suffered and died for each of us. He did this so that we could live with God forever.

The cross of ashes on our foreheads is a sign that we are sorry for our sins and want to follow Jesus.

Lent is a time when we try to grow closer to Jesus. We follow Jesus by praying, doing good things for others, and helping the poor. We treat people with love and respect, the way Jesus did.

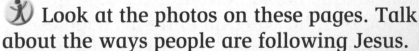 Look at the photos on these pages. Talk about the ways people are following Jesus.

RESPONDEMOS

 Escribe la palabra *Cuaresma* en una hoja de papel. Con cada letra, escribe una palabra que te recuerde algo sobre la Cuaresma y lo que puedes hacer durante este tiempo.

✝ Respondemos en oración

Lector: Lectura del Evangelio de Lucas.

"O bien, ¿qué mujer que tiene diez monedas y pierde una de ellas, no enciende una lámpara y barre la casa buscando con cuidado hasta encontrarla? Y cuando la encuentra, reúne a sus amigas y vecinas, y les dice: 'Felicítenme, porque ya encontré la moneda que había perdido'. Les digo que así también hay alegría entre los ángeles de Dios por un pecador que se convierte".

(Lucas 15:8–10)

Palabra del Señor.

Todos: Gloria a ti, Señor Jesús.

🎵 **Nosotros somos su pueblo/ We Are God's People**

Nosotros somos su pueblo.
We are God's people.
Y ovejas de su rebaño.
The flock of the Lord.

WE RESPOND

On a sheet of paper write the word *Lent*. For each letter write a word that reminds you about Lent, and what you can do during this time.

✝ We Respond in Prayer

Reader: A reading from the Gospel of Luke.

"Or what woman having ten coins and losing one would not light a lamp and sweep the house, searching carefully until she finds it? And when she does find it, she calls together her friends and neighbors and says to them, 'Rejoice with me because I have found the coin that I lost.' In just the same way, I tell you, there will be rejoicing among the angels of God over one sinner who repents." (Luke 15:8–10)

The Gospel of the Lord.

All: Praise to you, Lord Jesus Christ.

🎵 **Nosotros somos su pueblo/ We Are God's People**

Nosotros somos su pueblo.
We are God's people.
Y ovejas de su rebaño.
The flock of the Lord.

HACIENDO DISCIPULOS

Exprésalo

Completa el cuadro sobre la Cuaresma. Usa palabras o dibujos.

El color de la Cuaresma es	La Cuaresma empieza el	Es un signo de Cuaresma	Es el número de días de la Cuaresma

Celebra

Conecta los puntos para encontrar una cruz. Después coloréala.

```
      1●        ●2

13●   14●    ●3      ●4

12●   11●    ●6      ●5

      10●    ●7

       9●    ●8
```

Tarea

Piensa en una persona que necesite oración durante la Cuaresma. Escribe su nombre en esta oración.

Que la luz de Dios te ilumine

_____.

Recen la oración en familia.

↳ **RETO PARA EL DISCIPULO**
Conversen sobre lo que puedes hacer durante la Cuaresma para ayudar a esa persona.

PROJECT DISCIPLE

Picture This

Complete the chart about Lent.
Use words or pictures.

The color of Lent is	Lent begins on	A sign of Lent is	The number of days in Lent

Celebrate!

Connect the dots to find a sign of Lent. Then, color it in.

1 •   • 2

13 •   14 •   • 3   • 4

12 •   11 •   • 6   • 5

10 •   • 7

9 •   • 8

Take Home

Think of a person who needs your prayer during Lent. Write his or her name in this prayer.

Let the light of God shine on

_____.

Say your prayer together.

↳ **DISCIPLE CHALLENGE**
Talk about what you can do during the season to help this person.

Los Tres Días

Los Tres Días celebran la muerte y resurrección de Jesús.

NOS CONGREGAMOS

¿Has participado en una celebración que ha durado más de un día? ¿Qué celebrabas?

CREEMOS

Durante la Cuaresma nos preparamos para celebrar la muerte y resurrección de Jesús de manera especial. Cuando termina la Cuaresma, empezamos los Tres Días.

Los Tres Días son la celebración más grande de la Iglesia. Son los días más importantes del año de la Iglesia. Durante estos días nos reunimos en la parroquia. Celebramos de día y de noche. La celebración de los Tres Días empieza el Jueves Santo en la tarde y termina el primer Domingo de Pascua en la tarde.

"Que nuestro único orgullo sea la cruz de nuestro Señor Jesucristo".

Misa vespertina de la Cena del Señor

The Three Days

Advent · Christmas · Ordinary Time · Lent · **Three Days** · Easter · Ordinary Time

The Three Days celebrate the Death and Resurrection of Jesus.

WE GATHER

Have you ever been to a celebration that lasted more than one day? What was it?

WE BELIEVE

During Lent we prepare to celebrate Jesus' Death and Resurrection in a special way. When Lent ends, we begin the Three Days.

The Three Days are the Church's greatest celebration. They are the most important days of the Church year. During the Three Days, we gather with our parish. We gather to celebrate at night and during the day. The celebration of the Three Days begins on Holy Thursday evening and ends on Easter Sunday evening.

"We should glory in the cross of our Lord Jesus Christ."
Evening Mass of the Lord's Supper

Traza sobre las líneas para mostrar cuando empiezan y terminan los Tres Días.

Día 1	Día 2	Día 3

Jueves Santo	Viernes Santo	Sábado Santo	Domingo de Pascua

La celebración empieza el Jueves Santo en la tarde. Recordamos lo que pasó en la última cena. Celebramos que Jesús se dio a sí mismo en la Eucaristía. Recordamos que Jesús siempre sirvió a los demás. Hacemos una colecta especial por los necesitados.

El Viernes Santo escuchamos la historia de la muerte de Jesús y rezamos frente a la cruz. La cruz nos recuerda la muerte y resurrección de Jesús a una nueva vida. Rezamos por todo el mundo. Esperamos y rezamos.

El Sábado Santo en la noche, encendemos el cirio pascual. ¡Jesús ha resucitado! El trae la luz a la oscuridad. Escuchamos las lecturas bíblicas sobre las grandes cosas que Dios ha hecho por nosotros. Cantamos con alegría porque Jesús ha resucitado de la muerte. Recordamos nuestro bautismo en forma especial. También damos la bienvenida a la Iglesia a nuevos miembros que serán bautizados.

El Sábado Santo se convierte en Domingo de Pascua. Cantamos himnos de gozo y alabanza y empezamos el tiempo de Pascua. ¡Aleluya!

Trace over the lines to show when the Three Days begin and end.

The celebration begins on Holy Thursday night. We remember what happened at the Last Supper. We celebrate that Jesus gave himself to us in the Eucharist. We remember the ways Jesus served others. We have a special collection for those who are in need.

On Good Friday, we listen to the story of Jesus' Death and pray before the cross. The cross reminds us of Jesus' dying and rising to new life. We pray for the whole world. We wait and pray.

On Holy Saturday night, we light the Easter candle. Jesus has risen! He brings light to the darkness. We listen to Bible readings about all the great things God has done for us. We sing with joy to celebrate that Jesus rose from the dead. We remember our Baptism in a special way. We also welcome new members of the Church as they are baptized.

Holy Saturday turns into Easter Sunday. We sing songs of joy and praise as we begin the Easter season. Alleluia!

THE THREE DAYS

RESPONDEMOS

¿Cómo celebra tu parroquia los Tres Días?

 Recen juntos esta oración.

Cada vez que comemos de este pan y bebemos de este caliz, anunciamos tu muerte, Señor, hasta que vuelvas.

✝ Respondemos en oración

Líder: ¡Regocijaos siempre en Jesucristo!

Lector: Lectura de la carta de San Pablo a los gálatas.

"Por la fe en Cristo Jesús todos ustedes son hijos de Dios, y por el bautismo han venido a estar unidos con Cristo y se encuentran revestidos de él. . . Unidos a Cristo Jesús, todos ustedes son uno solo". (Gálatas 3:26–28)

Palabra de Dios.

Todos: Demos gracias a Dios.

🎵 **¡Aleluya! ¡Gloria a Dios!**

¡Alelu! ¡Alelu! ¡Aleluya!
¡Alelu! ¡Alelu! ¡Aleluya!
¡Alelu! ¡Alelu! ¡Aleluya!
¡Gloria a Dios! ¡Gloria al Señor!

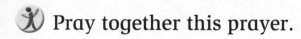

WE RESPOND

How does your parish celebrate the Three Days?

Pray together this prayer.

> When we eat this Bread
>   and drink this Cup,
> we proclaim your Death,
>   O Lord,
> until you come again.

✝ We Respond in Prayer

Leader: Rejoice in Jesus Christ always!

Reader: A reading from the letter of Saint Paul to the Galatians.

"Through faith you are all children of God in Christ Jesus. For all of you who were baptized into Christ have clothed yourselves with Christ. You are all one in Christ Jesus." (Galatians 3:26–27, 28)

The word of the Lord.

All: Thanks be to God.

🎵 **Alleluia, We Will Listen**

Alleluia, alleluia,
We will listen to your word.
Alleluia! Alleluia!
We will listen. Alleluia!

HACIENDO DISCIPULOS

Muestra *lo* que sabes

Pon estos eventos en el orden en que se celebran durante los Tres Días.

_____

_____

_____

Celebra

Dibuja una forma en que celebrarás durante los Tres Días.

Tarea

Ahora que los dibujos están en orden, úsalos para conversar sobre los Tres Días. Toca la foto mientras le dices a tu familia porque es importante.

PROJECT DISCIPLE

Show What you Know

Put these events in the order that they are celebrated during the Three Days.

Celebrate!

Draw a picture of one way that you will celebrate during the Three Days.

Take Home

Now that the above pictures are in order, use them to talk about the Three Days. Touch each picture as you tell your family why it is important.

NOS CONGREGAMOS

✝ **Líder:** Dios, Padre nuestro, en nuestro bautismo nos llamaste por nuestro nombre haciéndonos miembros de tu pueblo, la Iglesia.

Todos: Te alabamos por tu bondad. Te agradecemos tus dones.

Líder: Te pedimos fortaleza para vivir en amor y servicio a los demás como lo hizo tu Hijo, Jesucristo. Te lo pedimos en su nombre.

Todos: Amén.

 Piensa en alguna vez en que alguien a quien quieres te llamó por tu nombre. ¿Qué hiciste?

CREEMOS

Somos llamados por Dios.

Leemos en la Biblia que Dios dice: "Yo te llamé por tu nombre, tú eres mío". (Isaías 43:1)

Cuando somos **llamados por Dios** somos invitados a amarle y a servirle.

Amamos y servimos a Dios de muchas formas. Como miembros de la Iglesia rezamos y respetamos el nombre de Dios. Participamos en la misa y en otros sacramentos. Aprendemos sobre Dios por las enseñanzas de Jesús y de la Iglesia. Contamos a otros las cosas maravillosas que Dios ha hecho por nosotros.

God Calls Us to Love and Serve

WE GATHER

✝ **Leader:** God, our Father, in Baptism you called us by name making us members of your people, the Church.

All: We praise you for your goodness. We thank you for your gifts.

Leader: We ask you to strengthen us to live in love and service to others as your Son, Jesus, did. We ask this in his name.

All: Amen.

 Think about a time when someone you love called your name. What did you do?

WE BELIEVE

We are called by God.

We read in the Bible that God says, "I have called you by name: you are mine." (Isaiah 43:1)

When we are **called by God**, we are invited by God to love and serve him.

We love and serve God now in many ways. As members of the Church, we pray and respect God's name. We take part in the Mass and the other sacraments. We learn about God from the teachings of Jesus and the Church. We tell others the wonderful things God has done for us.

Cuando crecemos Dios nos llama a servir en diferentes formas. Podemos servir a Dios como solteros, casados, como sacerdotes, diáconos, como hermanos o religiosas. Todas estas formas de servir a Dios son importantes para la Iglesia. Juntos trabajamos para llevar el amor de Dios a otros.

Habla sobre una persona que conoces que ama y sirve a Dios. ¿Qué hace esa persona?

Casados y solteros son llamados por Dios.

Las personas solteras y casadas sirven a Dios en forma parecida. Ellos:

- aman y cuidan de sus familiares
- participan en las actividades de las parroquias
- hablan sobre Jesús y la Iglesia a los demás
- trabajan para hacer de su comunidad un lugar mejor
- ayudan a los necesitados
- rezan por los demás.

Los solteros comparten el amor de Dios con su familia, la comunidad y la Iglesia. Los casados celebran el sacramento del Matrimonio. Los esposos comparten el amor de Dios con sus hijos. Enseñan a sus hijos sobre Jesús y la Iglesia. Les enseñan a vivir como católicos.

As we grow older we are called to serve God in different ways. We may serve God as single or married people, religious brothers or sisters or priests or deacons. These ways of serving God are all important to the Church. Together we work to bring God's love to others.

Talk about a person you know who loves and serves God. What does that person do?

Married people and single people are called by God.

Single people and married people serve God in many of the same ways. They:

- love and care for their families
- take part in parish activities
- tell others about Jesus and the Church
- work to make their communities better places
- help people in need
- pray for others.

Single people share God's love in their families, communities, and the Church. Married people celebrate the Sacrament of Matrimony. A husband and wife share God's love with each other and with their children. They teach them about Jesus and the Church. They show them how to live as Catholics.

Los sacerdotes son llamados por Dios.

Algunos hombres son llamados, invitados, a servir como sacerdotes a Dios y a la Iglesia. Un hombre se hace sacerdote cuando recibe el sacramento del Orden Sagrado.

Los sacerdotes pasan sus vidas compartiendo el amor de Dios con el pueblo. Ellos comparten el mensaje de Jesús y nos ayudan a vivir como Jesús vivió.

Los sacerdotes dirigen la celebración de la misa y otros sacramentos. Ellos nos enseñan sobre la fe católica. Trabajan en parroquias, escuelas, hospitales y comunidades en todo el mundo.

Escribe una forma en que los sacerdotes sirven a Dios y a los demás. Recuerda darles las gracias.

Como católicos...

Diáconos son hombres bautizados que han recibido el sacramento del Orden. Algunos son diáconos permanentes. Estos hombres pueden ser casados o solteros. Algunos hombres son diáconos como parte del proceso de convertirse en sacerdote.

Los diáconos sirven a la Iglesia ayudando a los obispos y a los sacerdotes. También sirven en las parroquias bautizando y siendo testigos de matrimonios. Ellos pueden proclamar el evangelio y ofrecer homilías durante las misas. Los diáconos también tienen una responsabilidad especial de servir a los necesitados.

¿Hay un diácono sirviendo en tu parroquia?

As Catholics...

Deacons are baptized men who have received the Sacrament of Holy Orders. Some men are deacons for life, or permanent deacons. These men may be married or single. Other men become deacons as a step before they become priests.

Deacons serve the Church by assisting the bishops and priests. Deacons serve in their parishes by baptizing new members into the Church and by witnessing at marriages. They can proclaim the Gospel and give the homily at Mass. Deacons also have a special responsibility to serve people in need.

Is there a deacon serving in your parish?

Priests are called by God.

Some men are called, or invited, to serve God and the Church as priests. A man becomes a priest when he receives the Sacrament of Holy Orders.

Priests spend their lives sharing God's love with people. They share the message of Jesus and help us to live as Jesus did.

Priests lead the celebration of the Mass and other sacraments. They teach us about our Catholic faith. They work in parishes, schools, hospitals, and communities all over the world.

Write one way priests serve God and others. Remember to thank them.

_____

243

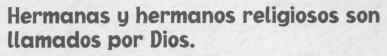

Hermanas y hermanos religiosos son llamados por Dios.

Algunos hombres y mujeres son llamados por Dios para amarle y servirle como hermanos y hermanas religiosas. Ellos pertenecen a comunidades religiosas.

Estos hombres y mujeres rezan y trabajan juntos. Ellos viven una vida de amor y servicio a Dios, la Iglesia y sus comunidades.

Los hermanos y hermanas religiosas sirven en muchas formas. Ellos:

- Hablan de Jesús a los demás, en nuestro país y el extranjero

- Enseñan en escuelas y parroquias

- Trabajan en hospitales y pasan tiempo con los enfermos y los ancianos

- Cuidan de los necesitados.

RESPONDEMOS

¿Qué harás para servir a Dios esta semana?

Religious sisters and brothers are called by God.

Some women and men are called by God to love and serve him as religious sisters and brothers. They belong to religious communities.

These women and men pray and work together. They live a life of loving service to God, the Church, and their communities.

Religious sisters and brothers serve in many ways.

- They tell others about Jesus either in our country or in faraway places.

- They teach in schools and parishes.

- They work in hospitals and spend time with those who are sick or elderly.

- They care for people who are in need.

WE RESPOND

What is the one thing you will do to serve God this week?

called by God invited by God to love and serve him

HACIENDO DISCIPULOS

Muestra *lo* que sabes

Completa la red para mostrar quien es llamado por Dios.
Usa las afirmaciones de fe del capítulo como ayuda.

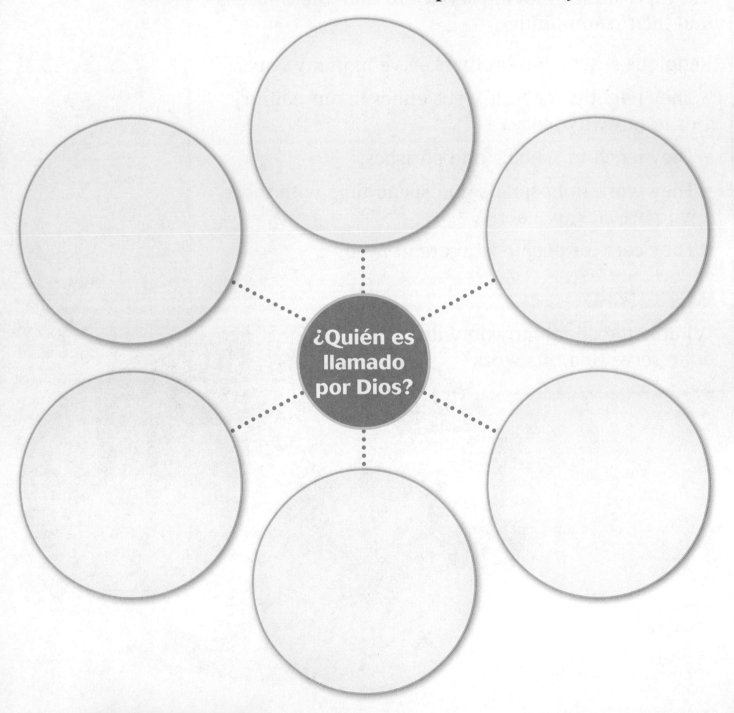

¿Quién es llamado por Dios?

PROJECT DISCIPLE

Show What *you* Know

Complete the web to show who is called by God. Use the chapter's faith statements to help you.

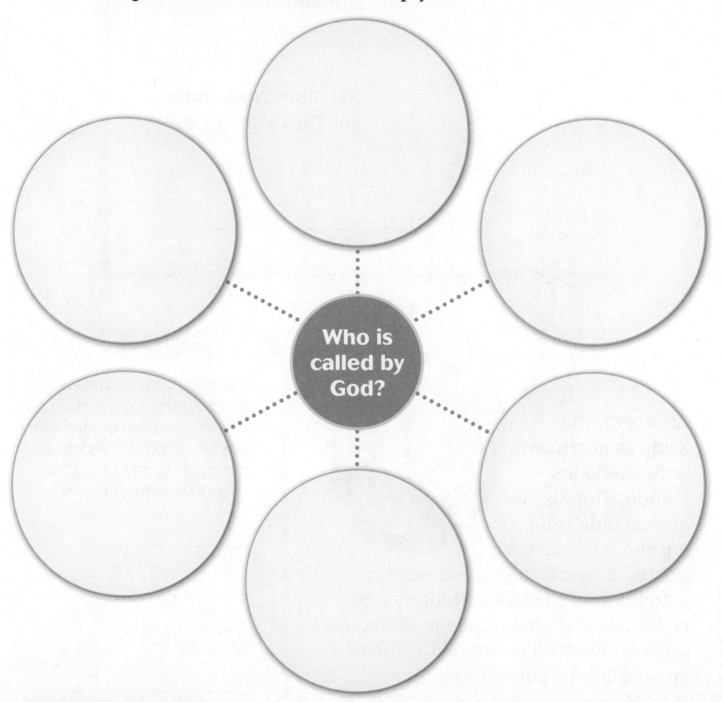

Who is called by God?

 **Haz** *lo*   Completa la tarjeta sobre una persona que conoces que sirve a Dios.

Nombre

_____

Así muestra su amor por Dios y por otros

_____

_____

Vidas de santos

Elizabeth Ann Seton es la primera persona de los Estados Unidos canonizada. Ella enseñó y ayudó a los pobres. Empezó la primera escuela católica en los Estados Unidos y una comunidad religiosa llamada Hermanas de la Caridad. Ellas enseñan y trabajan en hospitales y parroquias.

Tarea

Conversa con tu familia sobre la persona que quieres ser cuando seas mayor. Haz una lista de las cosas con las que mostrarás tu amor por Dios cuando seas mayor.

_____

_____

_____

_____

PROJECT DISCIPLE

Make it Happen

Complete this trading card about a person you know who serves God.

Name:

_____

Shows love for God and others by:

_____

_____

Saint Stories

Elizabeth Ann Seton is the first person from the United States to be named a saint. She taught and helped the poor. She started the first Catholic school in the United States. She started a religious community called the Sisters of Charity. They teach in schools, work in hospitals, and help in parishes today.

Take Home

Talk with your family about the person you want to be when you grow up. Make a list of ways that you will show your love for God when you are a grown-up.

_____

_____

_____

_____

249

NOS CONGREGAMOS

✝ **Líder:** Vamos a escuchar una lectura de la carta de Pablo a los filipenses.

Lector: "Alégrense siempre en el Señor. Repito: ¡Alégrense! Que todos los conozcan a ustedes como personas bondadosas". (Filipenses 4:4–5)

Palabra de Dios.

Todos: Te alabamos, Señor.

♫ Vienen con alegría

Vienen con alegría, Señor,
cantando vienen con alegría, Señor,
los que caminan por la vida, Señor,
sembrando tu paz y amor.

 Perteneces a tu familia y a tu curso en la escuela. ¿En qué se parecen esos grupos? ¿En qué se diferencian?

CREEMOS

Los católicos pertenecen a comunidades parroquiales.

Como católicos pertenecemos a una familia parroquial. Una parroquia es una comunidad de católicos que rinden culto y trabajan juntos. Como parroquia nos reunimos a rezar. A celebrar los sacramentos. Cuidamos de los necesitados. Aprendemos a vivir como seguidores de Jesús.

WE GATHER

✟ **Leader:** Let us listen to a reading from the letter of Paul to the Philippians.

Reader: "Rejoice in the Lord always. I shall say it again: rejoice! Your kindness should be known to all." (Philippians 4:4–5)

The word of the Lord.

All: Thanks be to God.

🎵 Rejoice in the Lord Always

Rejoice in the Lord always,
    Again I say, rejoice! (Repeat)
Rejoice! Rejoice!
    Again I say, rejoice! (Repeat)

 You belong to your family and to your class in school. How are these groups the same? How are they different?

WE BELIEVE

Catholics belong to parish communities.

As Catholics we belong to a parish family. A parish is a community of Catholics who worship and work together. As a parish, we come together to pray. We celebrate the sacraments. We care for those in need. We learn to live as followers of Jesus.

Una parroquia tiene un párroco asignado por un obispo. El **párroco** es el sacerdote que dirige y sirve a la parroquia. El dirige la parroquia en la celebración de los sacramentos, en oración y en enseñanza.

Juntos, el párroco y los miembros de la parroquia, continúan la misión de Jesús. Algunas personas ayudan en la parroquia como ministros. Juntos todos en la parroquia se preocupan por las necesidades de los demás.

El padre _____ es mi párroco. Mi parroquia continúa la misión de Jesús

_____ .

Los obispos dirigen y sirven a la Iglesia.

Jesús escogió doce apóstoles para dirigir a sus seguidores. Escogió a Pedro para ser el líder de los apóstoles. Pedro y los demás apóstoles fueron los primeros líderes de la Iglesia.

Pedro y los apóstoles escogieron otros hombres para dirigir y servir a la Iglesia. Estos líderes se conocieron como obispos. Los **obispos** son líderes de la Iglesia que continúan la misión de los apóstoles. Hoy los obispos dirigen y sirven en la Iglesia.

Los obispos son escogidos por el papa para dirigir y cuidar de una diócesis. Una **diócesis** es un área de la Iglesia dirigida por un obispo. Una diócesis está compuesta por todos los católicos que viven en un área.

A parish has a pastor who is chosen by the bishop. The **pastor** is the priest who leads and serves the parish. He leads the parish in celebrating the sacraments, in prayer, and in teaching.

Together with the pastor, the members of the parish continue the work of Jesus. Some of these people help in parish ministries. Together the whole parish serves the needs of others.

My pastor is _____ .

My parish continues the work of Jesus by

_____ .

Bishops lead and serve the Church.

Jesus chose the twelve Apostles to lead and care for his followers. He chose the Apostle Peter to be the leader of the Apostles. Peter and the other Apostles were the first leaders of the Church.

Peter and the Apostles chose other men to lead and serve the Church. These leaders became known as bishops. **Bishops** are leaders of the Church who carry on the work of the Apostles. Bishops still lead and serve the Church today.

A bishop is chosen by the pope to lead and care for a diocese. A **diocese** is an area of the Church led by a bishop. A diocese is made up of all the Catholics who live in a certain area.

253

El obispo guía y sirve a los miembros de su diócesis. El transmite las enseñanzas de Jesús. El ayuda al pueblo a acercarse a Dios.

¿A qué diócesis pertenece tu parroquia? ¿Quién es el obispo de tu diócesis?

El **papa es el líder de toda la Iglesia.**

El papa es el obispo de Roma, Italia. El **papa** es el líder de toda la Iglesia que continúa el trabajo de San Pedro. Con los obispos, el papa ayuda a los católicos a ser discípulos de Jesús.

El papa sirve y cuida de la Iglesia. El predica la buena nueva de Jesucristo a todo el mundo. El papa viaja a otros países. Donde quiera que va celebra misa y habla con el pueblo. El enseña sobre el amor de Dios. El pide a la gente que se amen y se cuiden uno al otro.

Si el Papa viniera a tu parroquia, ¿qué le dirías o preguntarías?

Como católicos...

El papa vive en un lugar especial de Roma llamado Ciudad del Vaticano. Los mensajes del papa y otros programas pueden escucharse todos los días, en cuarenta idiomas diferentes, en la radio del Vaticano. También son trasmitidos por la radio y el Internet en la red del Vaticano. www.vatican.va

Escucha los mensajes del papa en la radio del Vaticano o busca en el sitio web.

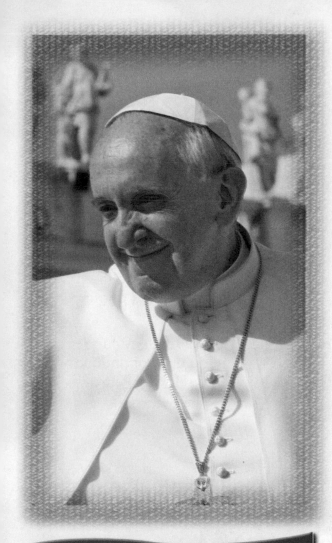

The bishop guides and serves the members of his diocese. He passes on the teachings of Jesus. He helps the people to grow closer to God.

What diocese is your parish part of? Who is the bishop of your diocese?

The pope is the leader of the Church.

The pope is the Bishop of Rome in Italy. The **pope** is the leader of the Church who continues the work of Saint Peter. With the other bishops, the pope helps Catholics to be disciples of Jesus.

The pope serves and cares for the Church. He preaches the Good News of Jesus Christ to everyone. The pope travels to other countries. Wherever he is, the pope celebrates Mass and talks to the people. He teaches them about God's love. He asks people to love and care for one another.

If the pope were coming to your parish, what would you tell or ask him?

As Catholics...

The pope lives in a special part of Rome called Vatican City. Every day the pope's messages and other programs can be heard on Vatican Radio in forty different languages. They are also broadcast on the radio and over the Internet on the Vatican's own Web site. www.vatican.va

Listen to the pope's message on Vatican Radio or log on to the Vatican's Web site.

La Iglesia está en todo el mundo.

Los católicos en todas partes del mundo creen lo mismo. Comparten y celebran la misma fe sobre la Santísima Trinidad, Jesús, el Hijo de Dios, la Iglesia, María y los santos. Ellos celebran la Eucaristía y los otros sacramentos. También reconocen al papa como líder de la Iglesia.

Sin embargo, los católicos en el mundo muestran su fe en diferentes formas. Mira las ilustraciones para ver diferentes formas en que los católicos rezan y muestran su fe.

En Polonia el día de Nochebuena, el padre parte un pan especial llamado *oplatki*. El dará un pedazo a cada miembro de la familia. Esta es una señal de paz y amor.

En la fiesta de Corpus Cristi, la fiesta del Cuerpo y Sangre de Cristo, el sacerdote presenta la Eucaristía a todos los presentes. El sacerdote y el pueblo cantan himnos a Jesús mientras caminan por el pueblo.

RESPONDEMOS

¿Qué puedes decir a niños de otros países sobre la forma en que tu parroquia reza y celebra?

Vocabulario

párroco sacerdote que dirige y sirve a una parroquia

obispos líderes de la Iglesia que continúan la misión de los apóstoles

diócesis área de la Iglesia dirigida por un obispo

papa líder de toda la Iglesia que continúa la misión de San Pedro

The Church is in every part of the world.

Catholics in every part of the world have the same beliefs. They share and celebrate the same beliefs about the Blessed Trinity, Jesus, the Son of God, the Church, Mary, and the saints. They all celebrate the Eucharist and the other sacraments. They look to the pope as the leader of the Church.

However, Catholics around the world also show their faith in different ways. Look at the pictures and the ways Catholics pray and show their faith.

On Christmas Eve the father in a Polish family breaks a wafer called *oplatki*. He will give a piece of the wafer to each member of his family. This is a sign of love and peace.

On the Feast of Corpus Christi, or the Feast of the Body and Blood of Christ, the priest carries the Eucharist for all to worship. The priest and people sing songs to Jesus as they walk through their town.

pastor the priest who leads and serves the parish

bishops leaders of the Church who carry on the work of the Apostles

diocese an area of the Church led by a bishop

pope the leader of the Church who continues the work of Saint Peter

WE RESPOND

What could you tell children from another country about the way your parish prays and celebrates?

HACIENDO DISCIPULOS

Muestra *lo* que sabes

Usa las palabras del  para llenar los espacios en blanco. Escribe las letras que faltan en el espacio.

Un p ___ ___ ___ ___ ___ ___ dirige una parroquia.

Un o ___ ___ ___ ___ ___ dirige una

d ___ ___ ___ ___ ___ ___ ___.

El p ___ ___ ___ dirige a toda la Iglesia.

párroco

obispo

diócesis

papa

Datos

Durante la misa, los sacerdotes usan ropas especiales llamadas vestimentas. Ellos usan un alba, una estola y una casulla.

↳**RETO PARA EL DISCIPULO** El color de las casullas nos dice algo sobre el tiempo litúrgico. Mira el color de la casulla del sacerdote en la misa esta semana.

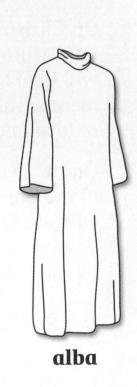

alba

estola

casulla

Show What you Know

Use the **Key Words** to fill in the blanks. Write the missing letters in the spaces.

pastor

bishop

diocese

pope

A p ___ ___ ___ ___ ___ leads the parish.

A b ___ ___ ___ ___ leads the d ___ ___ ___ ___ ___ .

The p ___ ___ ___ leads the whole Church.

Fast Facts

During the Mass, priests wear special clothes called vestments. They wear an alb, a stole, and a chasuble.

↳ **DISCIPLE CHALLENGE** The color of the chasuble tells us something about the Church season. Notice the color of the priest's chasuble at Mass this week.

alb

stole

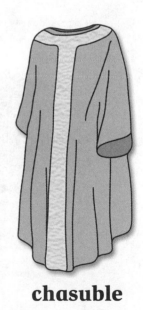

chasuble

Orar
Conocer
Celebrar
Compartir
Expresar
Vivir

HACIENDO DISCÍPULOS

Haz lo

Los misioneros enseñan a otros sobre Jesús. Ellos siguen el ejemplo de Jesús. Podemos ser misioneros en nuestros hogares, la escuela, el vecindario. Podemos compartir nuestra fe en Jesús y vivir como él lo hizo. Haz una bandera para compartir tu fe en Jesús.

Exprésalo

Mira la foto de los niños celebrando su fe. Después dibújate celebrando tu fe.

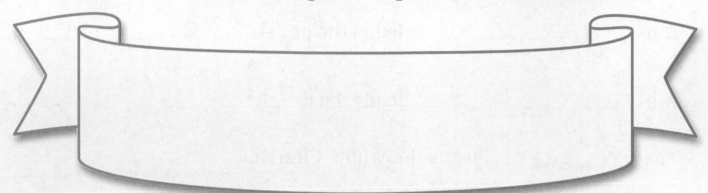

Tarea

Entrevista a familiares y amigos y pregúntales sobre las diferentes formas en que celebran su fe. Escribe tus preguntas aquí.

_____

_____

_____

Pray
Learn
Celebrate
Share
Choose
Live

PROJECT DISCIPLE

Make it Happen

Missionaries teach others about Jesus. They follow Jesus' example. We can be missionaries in our homes, schools, neighborhoods. We can share our belief in Jesus and live as he did. Make a banner that shares your belief in Jesus.

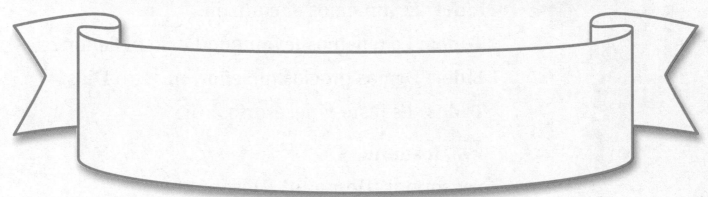

Picture This

Look at the picture of the children celebrating their faith. Then draw a picture of yourself celebrating your faith.

Take Home

Interview friends and relatives about the different ways their families might have celebrated their faith. Write questions to ask.

_____

_____

_____

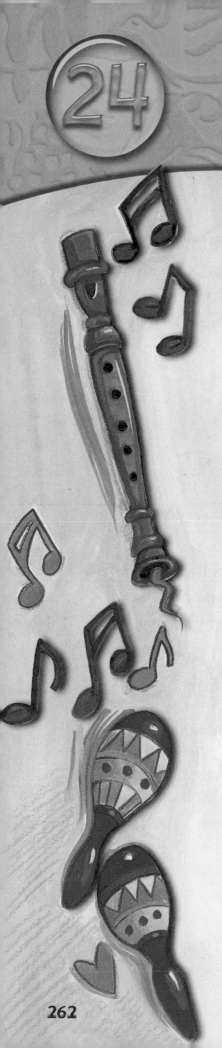

NOS CONGREGAMOS

✝ Líder: El Señor esté con ustedes.

Todos: Y con tu espíritu.

Líder: Levantemos el corazón.

Todos: Lo tenemos levantado hacia el Señor.

Líder: Demos gracias al Señor, nuestro Dios.

Todos: Es justo y necesario.

 Hosanna

¡Hosanna! ¡Hosanna! ¡Hosanna!
¡Hosanna! ¡Hosanna! ¡Hosanna!

Viva el Hijo de David. Viva el Hijo de David.
Hosanna en el cielo. Hosanna en el cielo.

¿Por qué hablas a otras personas?
¿Por qué escuchas a otras personas?

CREEMOS

La oración nos mantiene cerca de Dios.

Podemos acercarnos más a Dios por medio de la oración. **Orar** es hablar y escuchar a Dios. No importa como recemos, Dios está con nosotros.

Hablamos con Dios de diferentes cosas. Compartimos nuestros pensamientos. Algunas veces le pedimos ayuda o perdón. Otras veces le damos gracias por su amor y sus bendiciones.

We Pray

WE GATHER

✝ **Leader:** The Lord be with you.

All: And with your spirit.

Leader: Lift up your hearts.

All: We lift them up to the Lord.

Leader: Let us give thanks to the Lord our God.

All: It is right and just.

🎵 **Sing Hosanna**

Sing hosanna! Sing hosanna!
Sing it for Jesus. Sing it for Jesus.
Sing it for friendship. Sing it for friendship.
Sing it forever. Sing it forever. Sing hosanna!
Sing hosanna! Sing hosanna! Sing!

 Why do you talk to other people?
Why do you listen to other people?

WE BELIEVE

Prayer keeps us close to God.

We can grow closer to God through prayer.
Prayer is talking and listening to God.
No matter how we pray, God is with us.

We talk to God about different things. We share the things we are thinking about. Sometimes we ask for help or forgiveness. Other times we thank him for his love, or ask his blessing.

Dios está siempre ahí escuchando nuestras oraciones. El sabe lo que necesitamos y cuida de nosotros.

Orar es escuchar también a Dios. Dios nos habla en la misa, por medio de los sacramentos y por medio de las palabras en la Biblia. Nos habla por medio de los líderes de la Iglesia y por medio de todo el que nos muestra su amor.

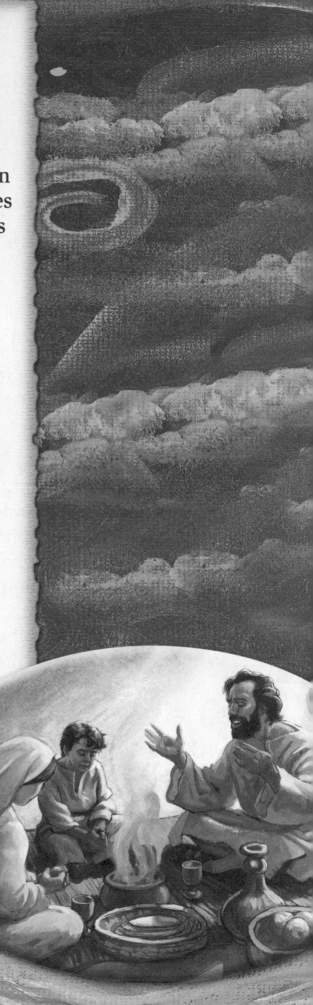 ¿Quién te ha enseñado a orar?

Jesús oraba a Dios, su Padre.

Cuando Jesús estaba creciendo aprendió a rezar. El rezaba con María y José. Ellos también se reunían con otros judíos para rezar.

Ellos iban a Jerusalén para celebrar los días de fiesta. El **Templo** es el lugar santo en Jerusalén donde los judíos rendían culto a Dios.

Jesús siempre rezó. El quería estar cerca de Dios, su Padre. El le pedía a Dios que estuviera con él. Le daba gracias al Padre por todas sus bendiciones.

Jesús con frecuencia se alejaba para orar. Jesús también oraba cuando estaba con su familia, sus amigos y sus discípulos.

¿En qué momentos rezas sólo? ¿En qué momentos rezas con otros?

God is always there to hear our prayer. He knows what we need and takes care of us.

Prayer is listening to God, too. God speaks to us at Mass, through the sacraments, and through the words of the Bible. He speaks to us through Church leaders and through all who show us his love.

 Who has taught you to pray?

Jesus prayed to God his Father.

When Jesus was growing up, he learned to pray. He prayed with Mary and Joseph. They also gathered with other Jewish families to pray.

They all traveled to Jerusalem to celebrate religious holidays. The **Temple** is the holy place in Jerusalem where the Jewish People worshiped God.

As Jesus grew older he continued to pray. He wanted to be close to God his Father. He asked his Father to be with him. He thanked his Father for his many blessings.

Jesus often went off by himself to pray. Jesus also prayed when he was with his family, friends, and disciples.

When do you pray by yourself? When do you pray with others?

Jesús nos enseña a orar.

Los discípulos de Jesús querían aprender a orar igual que Jesús. Un día ellos le pidieron: "Señor, enséñanos a orar". (Lucas 11:1)

Jesús les enseñó el Padrenuestro.

El Padrenuestro

Padre nuestro, que estás en el cielo, santificado sea tu nombre;

Hablamos con Dios. Lo alabamos como nuestro Padre amoroso.

Decimos que Dios es santo. Honramos y respetamos su nombre.

venga a nosotros tu reino; hágase tu voluntad en la tierra como en el cielo.

Pedimos para que todo el mundo conozca y comparta el amor de Dios. Es lo que Dios quiere para todos.

Danos hoy nuestro pan de cada día;

Pedimos a Dios nos dé lo que necesitamos. Recordamos a los necesitados.

perdona nuestras ofensas, como también nosotros perdonamos a los que nos ofenden;

Pedimos perdón a Dios. Necesitamos el perdón de los demás.

no nos dejes caer en la tentación, y líbranos del mal.

Pedimos a Dios nos cuide de las cosas que están en contra de su amor.

Pide a un compañero hacer una acción de oración para cada una de las partes del Padrenuestro. Después récenlo usando las acciones.

Jesus teaches us to pray.

Jesus' disciples wanted to learn how to pray as Jesus did. One day they asked Jesus, "Lord, teach us to pray." (Luke 11:1)

Jesus taught them the Lord's Prayer. It is also called the Our Father.

The Lord's Prayer

Our Father, who art in heaven, hallowed be thy name;

We talk to God.
We praise him as our loving Father.
We say that God is holy.
We honor and respect his name.

thy kingdom come;
thy will be done on earth
   as it is in heaven.

We ask that all people will know and share God's love. This is what God wants for all of us.

Give us this day our daily bread;

We ask God to give us what we need. We remember all people who are hungry or poor.

and forgive us our trespasses as we forgive those who trespass against us;

We ask God to forgive us. We need to forgive others.

and lead us not into temptation, but deliver us from evil. Amen.

We ask God to keep us safe from anything that goes against his love.

As a class make up prayerful actions for each part of the Our Father. Then pray the prayer using the actions.

Rezamos como Jesús rezó.

Hay muchas razones para rezar. Rezamos a Dios:

- pidiéndole ayuda
- diciéndole lo hermoso que es el mundo
- pidiéndole perdón
- agradeciendo su amor
- pidiendo su bendición.

Cuando rezamos podemos usar nuestras propias palabras. También rezamos oraciones que hemos aprendido. Hacemos estas oraciones cuando rezamos juntos.

Es importante rezar juntos como miembros de la Iglesia. Como parroquia nos reunimos para celebrar la Eucaristía y otros sacramentos.

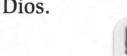 Hay otras ocasiones en que rezamos juntos. Habla de esos momentos.

RESPONDEMOS

Piensa en una forma en que rezarás con tu familia esta semana.

Ahora siéntate tranquilo y escucha a Dios.

Vocabulario

orar hablar y escuchar a Dios

Templo lugar santo en Jerusalén donde el pueblo judío rendía culto a Dios

We pray as Jesus did.

There are many reasons to pray. We pray to:

- ask God for help
- tell God how beautiful the world is
- ask God to forgive us
- thank God for his love
- ask for God's blessing for us and others.

When we pray we can use our own words. We can also use prayers that we have learned. We use many of these prayers when we pray together.

Praying together is an important part of being a member of the Church. As a parish we join together to celebrate the Eucharist and the other sacraments.

 There are other times when our parish prays together. Talk about some of these times.

WE RESPOND

Think about one way you and your family will pray this week.

Now sit quietly. Talk and listen to God.

As Catholics...

At special times of the day, many members of the Church come together to pray. Morning and evening are two of these special times. At morning prayer and evening prayer, people gather to pray and sing psalms. They listen to readings from the Bible. They pray for the whole world. They thank God for his creation. Many religious communities gather in their chapels for morning and evening prayer. Your parish may gather, too.

Find out if your parish gathers to celebrate morning and evening prayer.

Key Words

prayer talking and listening to God

Temple the holy place in Jerusalem where the Jewish People worshiped God

HACIENDO DISCIPULOS

Muestra *lo* que sabes

Escribe las palabras del 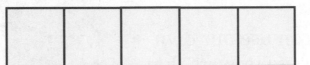 en los cuadros.

rezar

Templo

Hablar y
escuchar a Dios.

Lugar santo en Jerusalén
donde el pueblo judío
adoraba a Dios.

Investiga

Las personas en las
comunidades religiosas viven
una vida de oración. Ellas
rezan juntas a diferentes
horas del día. También pasan
tiempo a solas pensando en
Dios y rezando. Sus oraciones
son muy importantes para la
Iglesia y el mundo.

PROJECT DISCIPLE

Show What you Know

Write the into the word shapes.

prayer

Temple

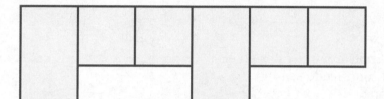

Talking and
listening to God

The holy place in Jerusalem
where the Jewish People
worshiped God

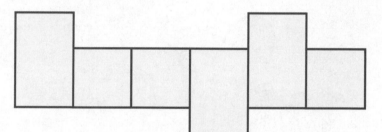

More to Explore

People in religious
communities live a life of
prayer. They pray together
at different hours each day.
They also spend time alone
to think about and pray to
God. Their prayers are very
important to the Church and
the world.

HACIENDO DISCÍPULOS

Reza

Escoge el camino correcto dentro del laberinto rezando el Padrenuestro.

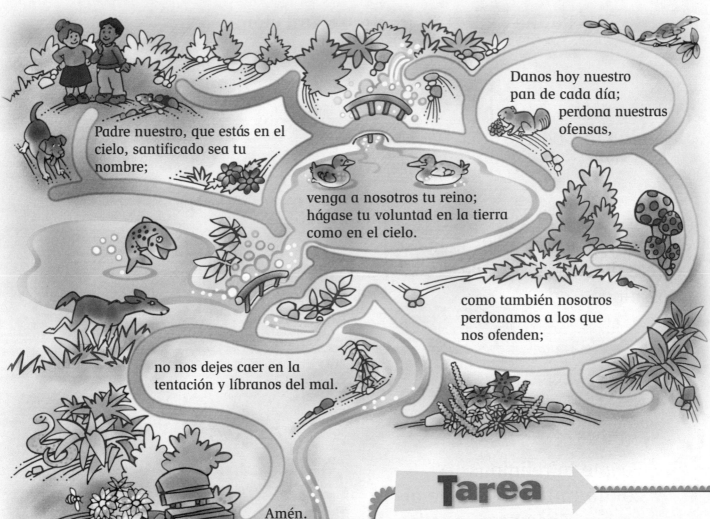

Padre nuestro, que estás en el cielo, santificado sea tu nombre;

venga a nosotros tu reino; hágase tu voluntad en la tierra como en el cielo.

Danos hoy nuestro pan de cada día; perdona nuestras ofensas,

como también nosotros perdonamos a los que nos ofenden;

no nos dejes caer en la tentación y líbranos del mal.

Amén.

Haz lo

¿Cuál es tu oración favorita? Compártela.

Tarea

Aprendan esta oración en familia. Récenla todas las noches.

Oración para antes de dormir.

Dios de amor, antes de irnos a dormir, queremos agradecerte este día, lleno de tu bondad y tu gozo. Cerramos nuestros ojos y descansamos seguros de tu amor.

Pray
Learn
Celebrate
Share
Choose
Live

PROJECT DISCIPLE

Pray Today

Choose the correct way through the maze by praying the Our Father.

Our Father, who art in heaven, hallowed be thy name;

thy kingdom come; thy will be done on earth as it is in heaven.

Give us this day our daily bread;

and forgive us our trespasses as we forgive those who trespass against us;

and lead us not into temptation, but deliver us from evil.

Amen.

Make it Happen

What is your favorite prayer? Share it.

Take Home

Learn this prayer as a family. Pray it together in the evenings.

Evening Prayer

Dear God, before we go to sleep, we want to thank you for this day so full of your kindness and your joy. We close our eyes to rest safe in your loving care.

Honramos a María y a los santos

NOS CONGREGAMOS

✝ Vamos a rezar cantando.

🎵 **Santos del Señor**

Santos del Señor,
santos en el cielo,
rueguen por todos nosotros,
santos del Señor.

 ¿Qué significa honrar a alguien? ¿Cuáles son algunas formas en que honramos a la gente?

CREEMOS

La Iglesia honra a los santos.

Dios es bueno y santo y quiere que nosotros seamos santos. El comparte su vida con nosotros. Los sacramentos nos ayudan a ser santos. Amar a Dios y a los demás también nos ayuda a ser santos.

La comunidad de la Iglesia honra a las personas santas. **Santos** son todos los miembros de la Iglesia que han muerto y están felices con Dios en el cielo para siempre. Ellos siguieron el ejemplo de Jesús.

We Honor Mary and the Saints

WE GATHER

✝ Let us pray by singing.

🎵 **Litany of Saints**

Saint Peter and Saint Paul,
Saint Mary Magdalene,
Saint Catherine of Siena:

Pray for us.
Pray with us.
Help us to share God's love.

☀ What does it mean to honor someone? What are some ways we honor people?

WE BELIEVE
The Church honors the saints.

God is good and holy and wants us to be holy, too. So he shares his life with us. The sacraments help us to be holy. Loving God and others helps us to be holy, too.

The Church community honors holy people. The saints are holy people. The **saints** are all the members of the Church who have died and are happy with God forever in Heaven. They followed Jesus' example.

He aquí algunos de los santos que recordamos:

- San Pedro y San Pablo ayudaron a la Iglesia a crecer.

- Santa Brígida de Irlanda y Santa Catherina de Siena trabajaron por la paz.

- Santa Rosa de Lima y San Martín de Porres ayudaron a los pobres y a los enfermos.

- San Juan Bosco y Santa Francisca Cabrini empezaron escuelas para enseñar a los niños sobre el amor de Dios.

San Juan Bosco

Recordamos a todos los santos en el cielo el 1 de noviembre en la fiesta de Todos los Santos.

Cuáles son algunos santos que conoces? ¿Cómo puedes imitar su ejemplo?

La Iglesia honra a María.

Dios escogió a María para ser la madre de su Hijo, Jesús. Dios bendijo a María de manera especial. Ella estuvo libre de pecado desde el primer momento de su vida. Ella estaba llena de gracia. Durante toda su vida ella hizo la voluntad de Dios. Pocos meses antes de nacer Jesús, Dios envió un ángel a María.

Lucas 1:28–30, 38

El ángel le dijo a María: "¡Te saludo, favorecida de Dios! El Señor está contigo". (Lucas 1:28) Después el ángel le dijo que no tuviera miedo. El ángel le dijo que Dios quería que ella fuera la madre de su Hijo. María le dijo al ángel que ella haría lo que Dios quería.

Here are some of the saints we remember.

- Saint Peter and Saint Paul helped the Church to spread and grow.

- Saint Brigid of Ireland and Saint Catherine of Siena were peacemakers.

- Saint Rose of Lima and Saint Martin de Porres helped the poor and the sick.

- Saint John Bosco and Saint Frances Cabrini began schools to teach children about God's love.

We remember all the saints in Heaven on November 1, the Feast of All Saints.

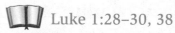 What saints do you know about? How can you follow their example?

Saint Frances Cabrini

The Church honors Mary.

God chose Mary to be the Mother of his own Son, Jesus. So God blessed her in a special way. Mary was free from sin from the very first moment of her life. She was always filled with grace. All through her life she did what God wanted. A few months before Jesus was born, God sent an angel to Mary.

Luke 1:28–30, 38

The angel said to Mary, "Hail, favored one! The Lord is with you." (Luke 1:28) Then the angel told Mary not to be afraid. The angel said that God wanted her to be the Mother of his own Son. Mary told the angel she would do what God wanted.

María es la madre de Jesús. Jesús la amó y la respetó. Nosotros también la amamos y la respetamos como nuestra madre. María es una santa. Ella es la mayor entre los santos. Ella es ejemplo para todos los discípulos de Jesús.

¿Cómo podemos rendir honor a María como la mayor entre los santos?

Honramos a María con oraciones especiales.

María tenía una prima llamada Isabel. Isabel también estaba esperando un bebé. María fue a visitarla.

Lucas 1:39, 40–42

Cuando Isabel vio a María, se puso muy contenta. El Espíritu Santo ayudó a Isabel a darse cuenta de que Dios había escogido a María para ser la madre de su Hijo. Isabel dijo a María: "¡Dios te ha bendecido más que a todas las mujeres, y ha bendecido a tu hijo!" (Lucas 1:42)

Estas palabras son parte de una oración de la Iglesia, el Ave María.

Dios te salve María,
llena eres de gracia,
el Señor es contigo;
bendita tú eres entre todas
las mujeres y bendito es el fruto
de tu vientre, Jesús.
Santa María, Madre de Dios,
ruega por nosotros pecadores, ahora y
en la hora de nuestra muerte. Amén.

Subraya las palabras de Isabel a María. Reza un Ave María.

Como católicos...

El rosario es una oración en honor a María. Usamos cuentas cuando rezamos el rosario. Empezamos con la señal de la cruz, luego rezamos el Credo, un Padrenuestro, tres Ave Marías y un Gloria. Después hay cinco grupos de diez cuentas con las que rezamos diez Ave Marías. Cada grupo de cuentas empieza con un Padrenuestro y termina con un Gloria.

Mientras rezamos las Ave Marías pensamos en la vida de Jesús y María. Esta semana reza el rosario en familia.

Mary is Jesus' mother. Jesus loved and honored her. We love and honor Mary as our mother, too. Mary is a holy woman. She is the greatest of saints. She is an example for all of Jesus' disciples.

How can we honor Mary as the greatest saint?

We honor Mary with special prayers.

Mary had a cousin named Elizabeth. Elizabeth was going to have a baby, too. Mary went to visit her.

Luke 1:39, 40–42

When Elizabeth saw Mary, she was very happy and excited. The Holy Spirit helped Elizabeth to know that God had chosen Mary to be the Mother of his own Son. Elizabeth said to Mary, "Most blessed are you among women, and blessed is the fruit of your womb." (Luke 1:42)

These words to Mary are part of one of the Church's prayers, the Hail Mary.

Hail Mary, full of grace,
the Lord is with you!
Blessed are you among women,
and blessed is the fruit of your womb,
  Jesus.
Holy Mary, Mother of God,
pray for us sinners,
now and at the hour of our death. Amen.

Underline Elizabeth's words to Mary. Pray the Hail Mary.

As Catholics...

The Rosary is a prayer in honor of Mary. When we pray the Rosary we use beads as we pray. We begin with the Sign of the Cross, the Apostles' Creed, Our Father, three Hail Marys and a Glory Be to the Father. Then there are five sets of ten beads to pray Hail Marys. Each set begins with the Our Father and ends with the Glory Be to the Father.

As we pray each set of beads, we think about the lives of Jesus and Mary. This week pray the Rosary with your family.

Honramos a María en días especiales.

Los católicos honramos a María durante el año. Nos reunimos para celebrar la misa en días especiales de fiestas a María. He aquí algunos de esos días.

Fecha	celebramos
1 de enero	María, Madre de Dios.
15 de agosto	María está en el cielo.
8 de diciembre	María fue concebida sin pecado original.

Algunas comunidades parroquiales se reúnen para honrar a María haciendo una procesión. **Procesión** es una caminata de oración. Mientras se camina, la gente reza y canta. El 12 de diciembre muchas parroquias hacen una procesión en honor a Nuestra Señora de Guadalupe.

Dentro y fuera de las casas y las iglesias, con frecuencia la gente coloca estatuas e imágenes de María.

RESPONDEMOS

¿Qué puedes hacer para honrar a María?

 Del cielo ha bajado

Del cielo ha bajado la madre de Dios. Cantemos el Ave a su concepción.

Ave, ave, ave María.
Ave, ave, ave María.

saints all the members of the Church who have died and are happy with God forever in Heaven

procession a prayer walk

We honor Mary on special days.

Catholics honor Mary during the year. On special days, called feast days, the whole parish gathers for Mass. Here are some of Mary's feast days.

Date	We gather to celebrate
January 1	Mary is the Mother of God.
August 15	Mary is in Heaven.
December 8	Mary was free from sin from the very first moment of her life.

Sometimes parish communities gather to honor Mary by having a procession. A **procession** is a prayer walk. While walking, people pray and sing. On December 12, many parishes have a procession to honor Mary as Our Lady of Guadalupe.

Inside and outside homes and churches, people often put statues and pictures of Mary.

WE RESPOND

What can you do to honor Mary?

 Immaculate Mary

Immaculate Mary,
your praises we sing.
You reign now in heaven
with Jesus our King.
Ave, Ave, Ave, Maria!
Ave, Ave, Maria!

HACIENDO DISCÍPULOS

Muestra *lo* que sabes

Encuentra las palabras del *Vocabulario* escondidas en el rompecabezas.

P	O	U	T	J	H	F	S	K	L	M	G	T
M	H	G	T	W	U	I	A	O	B	H	T	Y
F	G	O	Y	U	I	O	N	Ñ	J	A	J	K
A	J	K	A	J	K	A	T	J	A	K	J	A
P	R	O	C	E	S	I	O	N	H	I	P	J
D	H	O	E	Y	J	N	S	A	O	T	U	E
I	U	P	E	A	I	O	J	L	K	Y	T	R

santos

procesión

Vidas de santos

Santa Francisca de Roma, en Italia, daba comida a los pobres. Ella consoló a los que estaban tristes y solos. Cuidó de los niños que no tenían familias. Su fiesta se celebra el 9 de marzo.

PROJECT DISCIPLE

Show What *you* Know

Find the  hidden in the word search.

```
P R A Y I S X I O N
A O T X J A S H O S
N C D P M I R U J T
T E H S Y N L P A Z
B Y C A N T Q T S A
P R O C E S S I O N
```

saints

procession

Saint Stories

Saint Frances of Rome, Italy, took food to those who were poor. She comforted people who were sad and lonely. She cared for children who had no families. Her feast day is March 9.

HACIENDO DISCIPULOS

Haz *lo*

María es la más importante de todos los santos. Haz una tarjeta en honor a María. Compártela con tu parroquia.

Reza

Reza con reverencia un Ave María junto con un amigo.

↳**RETO PARA EL DISCIPULO**
Conversen sobre el significado de "llena de gracia".

Tarea

En familia busquen ilustraciones, vitrales y otras obras de arte sobre María. Visiten la iglesia de tu parroquia o busquen en la Web. Escojan la favorita de la familia. Escriban algo sobre ella aquí.

_____

_____

_____

Make it Happen

Mary is the greatest of saints. Make a card to honor Mary. Share it with your parish.

Pray Today

Pray the Hail Mary quietly with a friend.

↳ **DISCIPLE CHALLENGE** Talk together about what "full of grace" means.

Take Home

As a family, find paintings and stained-glass windows and other works of art that tell us about Mary. Visit your parish church or look online. Choose your family favorite. Write about it here.

_____

_____

_____

NOS CONGREGAMOS

✝ **Líder:** Vamos a escuchar una lectura de la carta de Pablo a los corintios.

Lector: "Tener amor es saber soportar. El amor jamás dejará de existir. Tres cosas hay que son permanentes: la fe, la esperanza y el amor; pero la más importante de las tres es el amor".

(1 Corintios 13:4, 8, 13)

Palabra de Dios.

Todos: Te alabamos Señor.

🎵 **Amor de Dios /O Love of God**

Amor de Dios, convócanos.
Amor de Dios, haznos uno.
Que compartamos lo que recibimos
para construir la comunidad,
para construir la comunidad.

 ¿Cuáles son algunas personas a quienes quieres? ¿Cómo les muestras tu cariño?

CREEMOS

Vivimos en el amor de Dios.

Dios nos ha dado muchos regalos. Nos ha dado su creación y sus leyes para que lo conozcamos y lo amemos. Nos ha dado su palabra en la Biblia y la Iglesia para ayudarnos y guiarnos.

WE GATHER

✝ **Leader:** Let us listen to a reading from Paul to the Corinthians.

Reader: "Love is patient, love is kind. Love never fails. Faith, hope, love remain, these three; but the greatest of these is love."

(1 Corinthians 13:4, 8, 13)

The word of the Lord.

All: Thanks be to God.

🎵 **Amor de Dios /O Love of God**

O love of God, gather us,
amor de Dios, haznos uno,
that we may share the gifts we are given;
para construir la comunidad,
para construir la comunidad.

 Who are some of the people you love? How do you show your love for them?

WE BELIEVE

We live in God's love.

God has given us many gifts. He has given us creation and laws to know and love him. He has given us his Word in the Bible and the Church to help and guide us.

El mejor regalo de Dios es su Hijo, Jesús. Por Jesús podemos compartir la gracia, la vida y el amor de Dios. Recibimos la gracia cada vez que celebramos los sacramentos. Somos fortalecidos por el Espíritu Santo. Tenemos los dones de fe, esperanza y caridad.

La fe nos ayuda a creer en Dios, Padre, Hijo y Espíritu Santo. Creemos en Dios y todo lo que ha hecho por nosotros.

La esperanza nos ayuda a creer en Jesús y en la promesa de que Dios siempre nos ama.

La caridad hace posible que amemos a Dios y a los demás. Dios siempre comparte su amor con nosotros.

Encierra en un círculo una letra sí y otra no para encontrar la palabra que completa la oración.

J A E M S O U R S

El mejor regalo que Dios nos ha dado es

_____

¿Qué palabra forman las letras restantes?

Jesús nos enseñó a amar a los demás.

Dios nos ama tanto que envió a su Hijo a compartir su amor con nosotros. Jesús compartió el amor de Dios con todo el mundo. El pidió a sus seguidores hacer lo mismo.

Jesús enseñó a sus seguidores a amar a Dios y a los demás. El nos enseñó a: rezar al Padre, vivir en familia, ser buen amigo y vecino, amar y respetar a los pobres y los enfermos.

God's greatest gift is his Son, Jesus. Jesus gives us a share in grace, God's life and love. We receive grace each time we celebrate the sacraments. We are strengthened by the Holy Spirit. We are filled with the gifts of faith, hope, and love.

Faith helps us to believe in God the Father, the Son, and the Holy Spirit. We believe in God and all that he has done for us.

Hope makes it easier to trust in Jesus and in God's promise to love us always.

Love makes it possible for us to love God and others. God always shares his love with us.

Circle every other letter to find a word to complete this sentence.

J L E O S V U E S

The greatest gift we can give God is our

_____

What word do the remaining letters spell?

Jesus taught us to love others.

God loves us so much that he sent his Son to share his love with us. Jesus shared God's love with all people. He asked his followers to do the same.

Jesus taught his followers to love God and one another. He showed us the way to: pray to the Father, live as a family, be a good friend and neighbor, and love and respect those who are poor and sick.

Jesús amó mucho a sus seguidores. El les pidió seguir su ejemplo.

 Juan 13:34–35

Jesús dijo: "Les doy este mandamiento nuevo: Que se amen los unos a los otros. Así como yo los amo a ustedes, así deben amarse ustedes los unos a los otros. Si se aman los unos a los otros, todo el mundo se dará cuenta de que son discípulos míos". (Juan 13:34–35)

El **nuevo mandamiento** de Jesús es amarse unos a otros como él nos ama.

Habla sobre formas en que Jesús mostraba su amor. ¿Cómo puedes seguir su ejemplo?

Amamos y respetamos a los demás.

El amar como Jesús nos acerca a Dios y a los demás. Mostramos nuestra fe en Dios amándolo y respetándolo. Honramos el nombre de Dios como signo de nuestro amor. Juntos lo alabamos. Damos gracias a Dios por todo lo que ha hecho por nosotros.

Jesus loved his followers very much. He asked them to follow his example of love.

 **John 13:34–35**

Jesus said, "I give you a new commandment: love one another. As I have loved you, so you also should love one another. This is how all will know that you are my disciples, if you have love for one another." (John 13:34–35)

Jesus' **new commandment** is to love one another as he has loved us.

Talk about ways Jesus showed love. How can you follow his example?

We love and respect others.

Loving as Jesus did brings us closer to God and one another. We show our belief in God by loving and respecting him. We honor God's name as a sign of our love. Together we worship God. We thank God for all he has done for us.

Cumplir el nuevo mandamiento de Jesús nos ayuda a seguir los mandamientos de Dios. Tratamos de amar a nuestra familia, amigos y a todo el mundo como él lo hizo. Respetamos y obedecemos a los que nos cuidan. Tratamos de ser amables, justos y fieles. Compartimos lo que tenemos. Respetamos las pertenencias de los demás.

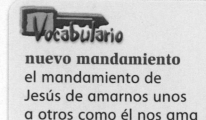
 Subraya la oración que dice cómo vas a cumplir hoy el nuevo mandamiento de Jesús.

Respetamos la creación de Dios.

Dios nos pide respetar su regalo de la creación. Dios creó la tierra y el mar, el sol, la luna y las estrellas. Dios creó a todos los animales y las plantas. El también nos creó. Todo lo creado por Dios es bueno.

Los humanos tienen un lugar especial en la creación de Dios. Dios nos ha pedido cuidar de los regalos de la creación. Los regalos de la creación de Dios están en todas partes.

Cuidamos del mundo. Protegemos todo lo que Dios ha creado. Trabajamos juntos para compartir la bondad de la creación.

RESPONDEMOS

 Escribe una manera en que ayudarás a cuidar de la creación.

_____

Como católicos...

Los regalos de la creación pertenecen a todo el mundo. Sin embargo, hay muchas partes en el mundo donde hay personas con hambre y sed. Debemos compartir lo que tenemos. También tenemos que ayudarlos a cultivar comida y encontrar agua. Esto significa cuidar de la creación de Dios. Averigua lo que tu vecindario está haciendo para cuidar de la creación de Dios.

Following Jesus' new commandment helps us to follow all of God's commandments. We try to love our family, friends, and all people as he did. We respect and obey all those who take care of us. We also try to be kind, fair, and truthful. We share the things we have. We respect the belongings of other people.

 Underline the sentence that tells how you will follow Jesus' new commandment today.

We respect God's creation.

God asks us to respect his gift of creation. God created the land and the sea, the sun, moon, and stars. God created all the animals and plants. He created us, too! All that God created is good.

People have a special place in God's creation. God has asked us to take care of his gifts of creation. The gifts of God's creation are everywhere!

We care for the world. We protect all that God created. We work together to share the goodness of creation.

WE RESPOND

Write one way you will help to care for creation.

_____

As Catholics...

The gifts of creation belong to all people everywhere. However, there are many parts of the world where people are hungry and thirsty. So we share what we have. We also help them to grow food and find water. This is part of what it means to care for God's creation. Find out what your neighborhood is doing to take care of God's creation.

HACIENDO DISCIPULOS

Muestra *lo* que sabes

Encierra en un círculo la foto de los niños cumpliendo el nuevo mandamiento de Jesús.

Exprésalo

Haz un dibujo que muestre una forma en que respetas la creación de Dios.

Show What *you* Know

Circle the picture of the children following Jesus' new commandment.

Picture This

Draw a picture showing a way that you respect God's creation.

 Di a tu familia lo que nos ayudan a hacer los dones de fe, esperanza y caridad. Para ayudarte completa este cuadro.

El don de la fe	nos ayuda a	
El don de la esperanza	nos ayuda a	
El don de la _____	nos ayuda a	amar a Dios y a los demás.

Escritura

Lee estas palabras en una de las cartas de San Pablo.

*"El amor es paciente y bondadoso;
no tiene envidia
ni orgullo ni arrogancia.
No es grosero ni egoísta".* (1 Corintios 13:4–5)

Piensa en como esto es una verdad.

Compártelo.

Tarea

En familia compartan formas que has aprendido este año para ser discípulos de Jesús.

Pray
Learn
Celebrate
Share
Choose
Live

PROJECT DISCIPLE

Make it Happen Tell your family what the gifts of faith, hope, and love help us to do. To help you prepare, complete this organizer.

| The gift of faith | helps us to | |

| The gift of hope | helps us to | |

| The gift of _____ | helps us to | love God and others. |

What's the Word?

Read these words from one of Saint Paul's letters.

> *"Love is patient,*
> *love is kind.*
> *It is not jealous . . .*
> *it is not rude."* (1 Corinthians 13:4–5)

Tell how this is true. **Now, pass it on!**

Take Home

As a family share ways you have learned to be disciples of Jesus this year!

TIEMPO LITURGICO

Tiempo de Pascua

Adviento | Navidad | Tiempo Ordinario | Cuaresma | Tres Días | Tiempo de Pascua | Tiempo Ordinario

Pascua es el tiempo en que celebramos la Resurrección de Jesús.

NOS CONGREGAMOS

¿Cómo muestras que estás feliz? Muestra algunas de las cosas que haces.

CREEMOS

Los Tres Días nos llevan al tiempo de Pascua. Es tiempo de regocijo. El tiempo de Pascua dura cincuenta días.

Durante la Pascua celebramos que Jesús resucitó de la muerte. Damos gracias por la nueva vida que él nos trae.

Escenifiquen este drama de pascua.

Líder: Durante todo el tiempo de Pascua la Iglesia canta "Aleluya". Aleluya quiere decir "Gloria a Dios". Vamos a alabar a Dios.

Cristo ha resucitado. ¡Aleluya!

Easter

Easter is a season to celebrate the Resurrection of Jesus.

WE GATHER

How do you show you are happy? Act out some things you do.

WE BELIEVE

The Three Days lead us to the Easter season. The Easter season is a time of rejoicing. This season lasts fifty days.

During the Easter season, we celebrate that Jesus rose from the dead. We give thanks for the new life he brings us.

Act out this Easter celebration.

Leader: All during the season of Easter, the Church sings the song of "Alleluia." Alleluia means "Praise God!" Let us praise God now.

Christ has risen, Alleluia!

Líder: *(Cantemos)* ¡Aleluya, aleluya, aleluya!

Todos: ¡Aleluya, aleluya, aleluya!

📖 Lucas 24:1–9

Lector 1: El primer día de la semana, muy temprano, las mujeres fueron a la tumba. Llevaban especias para ungir el cuerpo de Jesús. Encontraron la piedra fuera de lugar. El cuerpo de Jesús no estaba.

Lector 2: Mientras estaban ahí paradas, dos ángeles se les aparecieron. Las mujeres sintieron miedo.

Angel 1: ¿Están buscando a Jesús? El no está aquí. El resucitó.

Angel 2: Recuerden lo que él les dijo. Que daría su vida por ustedes. Que sería crucificado. Dijo que resucitaría al tercer día.

Lector 3: Las mujeres se alegraron. Corrieron a contar a los otros discípulos lo que habían visto y escuchado.

Todos: *(Cantemos)* ¡Aleluya, aleluya, aleluya!

Como las mujeres en la tumba, nosotros vamos a contar a otros sobre la resurrección de Jesús. Queremos que sepan la buena nueva de que Jesús murió y resucitó por todos. Queremos compartir el gozo de creer en Jesús.

Leader: *(singing)* Alleluia, alleluia, alleluia!

All: Alleluia, alleluia, alleluia!

📖 Luke 24:1–9

Reader 1: On the first day of the week, at dawn, the women went to the tomb. They were bringing spices to bless Jesus' body. They found the stone rolled away. The body of Jesus was gone!

Reader 2: While they stood there, two angels appeared beside them. The women were frightened.

Angel 1: Are you looking for Jesus? He is not here. He has been raised up.

Angel 2: Remember what Jesus told you. He said that he would give his life for us. He would be crucified. He said that on the third day he would rise again.

Reader 3: Then the women were filled with joy. They ran back to tell the other disciples what they had seen and heard.

All: *(singing)* Alleluia, alleluia, alleluia!

Like the women at the tomb, we go and tell others about Jesus' Resurrection. We want them to know the Good News that Jesus died and rose for all people. We want to share the joy that comes from believing in Jesus.

¿Qué alegre mensaje de Pascua sobre Jesús te gustaría compartir? Escríbelo aquí.

✝ Respondemos en oración

Líder: Jesús, sabemos que vives y que estás con nosotros. ¡Aleluya!

Lector 1: Demos gracias al Señor, porque es bueno, porque es eterna su misericordia. ¡Aleluya!

Todos: Este es el día que hizo el Señor, sea nuestra alegría y nuestro gozo.

Lector 2: Da tu corazón a Jesucristo porque él ha resucitado. ¡Aleluya!

Todos: Este es el día que hizo el Señor, sea nuestra alegría y nuestro gozo.

Lector 3: Creemos. ¡Aleluya, aleluya, aleluya!

Todos: Este es el día que hizo el Señor, sea nuestra alegría y nuestro gozo.

🎵 **Salmo 117: Este es el día**

Este es el día en que actuó el Señor:
sea nuestra alegría y nuestro gozo.
Dad gracias al Señor porque es bueno,
porque es eterna su misericordia.
¡Aleluya, aleluya!

WE RESPOND

What joyful Easter message about Jesus would you like to share? Write it here.

✝ We Respond in Prayer

Leader: Jesus, we know you are alive and with us today. Alleluia!

Reader 1: Give thanks to the Lord, for he is good, for his mercy lasts forever, alleluia!

All: This is the day the Lord has made; let us rejoice and be glad.

Reader 2: Set your heart on Jesus Christ, for he is risen, alleluia!

All: This is the day the Lord has made; let us rejoice and be glad.

Reader 3: This we believe. Alleluia, alleluia, alleluia!

All: This is the day the Lord has made; let us rejoice and be glad.

♫ This Is the Day

This is the day, this is the day
that the Lord has made, that the Lord has made;
we will rejoice, we will rejoice
and be glad in it, and be glad in it.

This is the day that the Lord has made;
we will rejoice and be glad in it.
This is the day, this is the day
that the Lord has made.

303

HACIENDO DISCIPULOS

Muestra lo que sabes

Organiza las palabras para descubrir un importante mensaje.

> tiempo resurrección para Jesús Pascua celebrar es un de la.

_____

_____

Celebra

Anuncia la buena nueva. Jesús ha resucitado. Decora este mensaje para parachoques para compartir el gozo de la Pascua con otros.

Tarea

Durante el Tiempo de Pascua con frecuencia la Iglesia reza tres aleluyas seguidas en vez de una. Añade el gozo de Pascua a las oraciones antes de las comidas y de la noche. Trata de agregar tres aleluyas después del amén. Practica ahora diciendo: "aleluya, aleluya, aleluya".

PROJECT DISCIPLE

Show What you Know

Unscramble the words to find an important hidden message.

> **season of to celebrate is a Easter Resurrection the Jesus.**

_____

_____

Celebrate!

Announce the Good News. Jesus is risen! Decorate this bumper sticker to share the joy of Easter with others.

Take Home

During the Easter season, the Church often prays three alleluias in a row, instead of just one. Add Easter joy to meal prayers or evening prayers. Try praying three alleluias after the Amen. Practice now. Say, "alleluia, alleluia, alleluia!"

Los Diez Mandamientos

1. Yo soy el Señor tu Dios: no tendrás más Dios fuera de mí.
2. No tomarás el nombre de Dios en vano.
3. Recuerda mantener santo el día del Señor.
4. Honra a tu padre y a tu madre.
5. No matarás.
6. No cometerás adulterio.
7. No robarás.
8. No darás falso testimonio en contra de tu prójimo.
9. No desearás la mujer de tu prójimo.
10. No codiciarás los bienes ajenos.

The Ten Commandments

1. I am the LORD your God: you shall not have strange gods before me.
2. You shall not take the name of the LORD your God in vain.
3. Remember to keep holy the LORD's Day.
4. Honor your father and your mother.
5. You shall not kill.
6. You shall not commit adultery.
7. You shall not steal.
8. You shall not bear false witness against your neighbor.
9. You shall not covet your neighbor's wife.
10. You shall not covet your neighbor's goods.

Doblar aquí.

Mi libro de la misa

El sacerdote nos bendice.
El sacerdote o el diácono dice:
"Podéis ir en paz".

Respondemos:

"Demos gracias a Dios".

Nos vamos a vivir como
seguidores de Jesús.

Nos saludamos.

Nos ponemos de pie y cantamos.

Hacemos la señal de la cruz.

El sacerdote dice:
"El Señor esté con vosotros".

Respondemos:

"Y con tu espíritu".

Nos reunimos en nuestra parroquia.

Recordamos y celebramos lo que Jesús hizo y dijo en la última cena.

Doblar aquí.

2

Cortar aquí.

15

Pedimos perdón a Dios y a los demás.

Alabamos a Dios cantando:

"Gloria a Dios en el cielo, y paz en la tierra a los hombres".

4

Después el sacerdote nos invita a compartir la Eucaristía. Al recibir el Cuerpo y la Sangre de Cristo respondemos:

"Amén".

Mientras esto pasa cantamos un himno de acción de gracias.

13

Nos preparamos para recibir a Jesús. Juntos rezamos o cantamos el Padrenuestro. Después compartimos el saludo de la paz diciendo:

"La paz sea contigo".

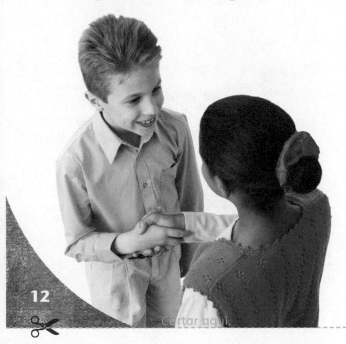

La Liturgia de la Palabra

Escuchamos dos lecturas de la Biblia. Después de cada una, el lector dice: "Palabra de Dios". Respondemos:

"Te alabamos Señor".

Después el sacerdote toma la copa de vino y dice:

"Tomen y beban todos de él, porque este es el cáliz de mi Sangre …"

Nos ponemos de pie para decir en voz alta lo que creemos como católicos. Después rezamos por la Iglesia y por todo el mundo. Después de cada petición respondemos:

"Señor, escucha nuestra oración".

Nos ponemos de pie y cantamos **aleluya**.

El sacerdote o el diácono lee el evangelio. Al terminar de leer dice: "Palabra del Señor".

Respondemos:

"Gloria a ti, Señor Jesús".

Doblar aquí.

6

Cortar aquí.

Cantamos o rezamos:

"Amén".

Creemos que Jesucristo está verdaderamente presente en la Eucaristía.

11

La Liturgia de la Eucaristía

Con el sacerdote preparamos el altar. Llevamos las ofrendas de pan y vino al altar. El sacerdote prepara esos regalos. Rezamos:

"Bendito seas por siempre, Señor".

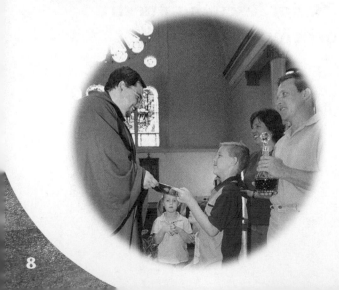

8

Después recordamos lo que Jesús hizo y dijo en la última cena. El sacerdote toma el pan y dice:
"Tomen y coman todos de él. Esto es mi Cuerpo que será entregado por ustedes".

9

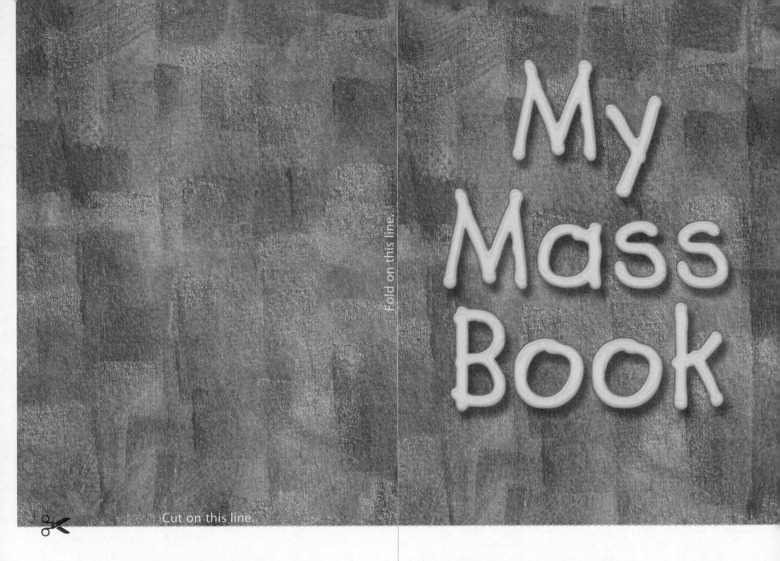

My Mass Book

Fold on this line.

Cut on this line.

The priest blesses us.
The priest or deacon says,
"Go in peace to love and
serve the Lord."
We say,
"Thanks be to God."
We go out to live as
Jesus' followers.

We welcome one another.
We stand and sing.
We pray the Sign of the Cross.
The priest says,
"The Lord be with you."
We answer,
"And with your spirit."

14

3

We gather with our parish.
We remember and celebrate
what Jesus said and did at the
Last Supper.

We ask God and one another
for forgiveness.
We praise God as we sing,

**"Glory to God in the highest,
and on earth peace to
people of good will."**

Then the priest invites us to
share in the Eucharist.
As people receive the Body
and Blood of Christ, they
answer,

"Amen."

While this is happening, we
sing a song of thanks.

We get ready to receive Jesus.
Together we pray or sing the
Our Father. Then we share a
sign of peace.
We say,
"Peace be with you."

The Liturgy of the Word

We listen to two readings from
the Bible.
After each one, the reader says,
"The word of the Lord."
We answer,
"Thanks be to God."

Then the priest takes the
cup of wine.
He says,
"TAKE THIS, ALL OF YOU, AND
DRINK FROM IT, FOR THIS IS THE
CHALICE OF MY BLOOD. . . ."

We stand to say aloud what
we believe as Catholics.
Then we pray for the Church
and all people.
After each prayer we say,
"Lord, hear our prayer."

We stand and sing **Alleluia.**
The priest or deacon reads the
Gospel.
Then he says,
"The Gospel of the Lord."
We answer,
"Praise to you,
Lord Jesus Christ."

Cut on this line.

Fold on this line.

We sing or pray,

"Amen."

We believe Jesus Christ is really
present in the Eucharist.

The Liturgy of the Eucharist

With the priest, we prepare
the altar.
People bring gifts of bread and
wine to the altar.
The priest prepares these gifts.
We pray,
"Blessed be God for ever."

Then we remember what Jesus
said and did at the Last Supper.
The priest takes the bread.
He says,
"TAKE THIS, ALL OF YOU, AND EAT
OF IT, FOR THIS IS MY BODY WHICH
WILL BE GIVEN UP FOR YOU."

Oraciones

Señal de la Cruz

En el nombre del Padre, y del Hijo, y del Espíritu Santo. Amén.

Gloria

Gloria al Padre, y al Hijo, y al Espíritu Santo.

Como era en el principio, ahora y siempre, por los siglos de los siglos. Amén.

Oración para la mañana

Mi Dios, te ofrezco en este día todo lo que piense, haga y diga, unido a lo que en la tierra hizo Jesucristo, tu Hijo.

Oración para la noche

Dios de amor, antes de dormir quiero agradecerte este día lleno de tu bondad y de tu gozo.
Cierro mis ojos y descanso seguro de tu amor.

Oración antes de comer

Bendícenos Señor, y a estos dones que vamos a recibir
de tu generosidad,
por Cristo nuestro Señor.
Amén.

Oración después de comer

Te damos gracias, Dios todopoderoso, por este y todos los dones que de ti hemos recibido, por Cristo nuestro Señor. Amén.

Credo de los Apóstoles

Creo en Dios, Padre todopoderoso,
Creador del cielo y de la tierra.
Creo en Jesucristo, su único Hijo, nuestro Señor,
que fue concebido por obra y gracia del Espíritu Santo,
nació de santa María Virgen,
padeció bajo el poder de Poncio Pilato, fue crucificado,
muerto y sepultado,
descendió a los infiernos,
al tercer día resucitó
de entre los muertos,
subió a los cielos
y está sentado a la derecha de Dios, Padre todopoderoso.
Desde allí ha de venir a juzgar
a vivos y muertos.
Creo en el Espíritu Santo,
la santa Iglesia católica,
la comunión de los santos,
el perdón de los pecados,
la resurrección de la carne
y la vida eterna. Amén.

Prayers

Sign of the Cross

In the name of the Father,
and of the Son,
and of the Holy Spirit.
Amen.

Glory to the Father

Glory be to the Father,
and to the Son,
and to the Holy Spirit:
as it was in the beginning,
is now, and ever shall be world
without end. Amen.

Morning Offering

My God, I offer you today
all that I think and do and say,
uniting it with what was done
on earth, by Jesus Christ,
your Son.

Evening Prayer

Dear God, before I sleep
I want to thank you for this day
so full of your kindness
    and your joy.
I close my eyes to rest
safe in your loving care.

Grace Before Meals

Bless us, O Lord, and these your gifts
which we are about to receive
from your goodness.
Through Christ our Lord.
Amen.

Grace After Meals

We give you thanks,
    almighty God,
for these and all your gifts,
which we have received,
through Christ our Lord.
Amen.

Apostles' Creed

I believe in God, the Father almighty,
    Creator of heaven and earth,
and in Jesus Christ,
        his only Son, our Lord,
    who was conceived by
        the Holy Spirit,
        born of the Virgin Mary,
suffered under Pontius Pilate,
    was crucified, died and was
        buried;
he descended into hell;
on the third day he rose again from
    the dead;
he ascended into heaven,
    and is seated at the right hand
        of God the Father almighty;
from there he will come to judge
    the living and the dead.

I believe in the Holy Spirit,
    the holy Catholic Church,
    the communion of saints,
    the forgiveness of sins,
    the resurrection of the body,
    and life everlasting. Amen.

Glosario

absolución (página 140) perdón de nuestros pecados por el sacerdote en el sacramento de la Reconciliación

Antiguo Testamento (página 92) la primera parte de la Biblia

apóstoles (página 28) doce hombres escogidos por Jesús para dirigir la Iglesia

asamblea (página 180) comunidad de personas que se reúne para celebrar la misa

Bautismo (página 52) sacramento que nos libera del pecado y nos da la gracia

Biblia (página 92) libro donde está escrita la palabra de Dios

católicos (página 40) miembros bautizados de la Iglesia, dirigidos y guiados por el papa y los obispos

comulgar (página 168) recibir el Cuerpo y la Sangre de Cristo

conciencia (página 128) don de Dios que nos ayuda a saber lo que es bueno y lo que es malo

confesión (página 140) decir nuestros pecados al sacerdote en el sacramento de la Reconciliación

Confirmación (página 64) el sacramento que nos sella con el don del Espíritu Santo y nos fortalece

contrición (página 140) estar arrepentido de nuestros pecados y prometer no volver a pecar

culto (página 40) alabar y dar gracias a Dios

Diez Mandamientos (página 104) diez leyes especiales que Dios dio a su pueblo

diócesis (página 256) área de la Iglesia dirigida por un obispo

discípulos (página 28) los que siguen a Jesús

divino (página 16) palabra usada sólo para describir a Dios

Eucaristía (página 168) el sacramento del Cuerpo y la Sangre de Jesucristo

evangelios (página 92) los cuatro primeros libros del Nuevo Testamento que hablan de las enseñanzas y la vida de Jesús en la tierra

fe (página 40) don de Dios que nos ayuda a confiar y a creer en él

gracia (página 52) la vida de Dios en nosotros

Gran Mandamiento (página 104) enseñanza de Jesús sobre el amor a Dios y a los demás

homilía (página 192) palabras que el sacerdote o el diácono dice sobre las lecturas de la misa para ayudarnos a entenderlas y vivirlas

Iglesia (página 28) todos los bautizados en Cristo y que siguen sus enseñanzas

libre albedrío (página 116) el don de Dios que nos permite tomar decisiones

Liturgia de la Eucaristía (página 204) la parte de la misa en la que las ofrendas de pan y vino se convierten en el Cuerpo y la Sangre de Cristo

Liturgia de la Palabra (página 192) la primera parte de la misa en la que escuchamos la palabra de Dios

llamado por Dios (página 244) invitado por Dios a amarle y a servirle

mandamientos (página 104) leyes de Dios

misa (página 168) la celebración de la Eucaristía

misericordia (página 116) el amor y el perdón de Dios

nuevo mandamiento (página 292) el mandamiento de Jesús de amarnos unos a otros como él nos ama

Nuevo Testamento (página 92) la segunda parte de la Biblia

obispos (página 256) líderes de la Iglesia que continúan la misión de los apóstoles

oración (página 268) hablar y escuchar a Dios

oración eucarística (página 204) la oración más importante de la misa

papa (página 256) líder de toda la Iglesia que continúa la misión de San Pedro

párroco (página 256) sacerdote que dirige y sirve a una parroquia

parroquias (página 40) comunidades que rinden culto y trabajan juntas

pecado (página 116) pensamiento, palabra u obra que cometemos libremente aun cuando sabemos es malo

pecado mortal (página 116) pecado que rompe nuestra relación con Dios

pecado original (página 52) el primer pecado cometido por los primeros humanos desobedeciendo a Dios

pecado venial (página 116) pecado que daña nuestra relación con Dios

Penitencia y Reconciliación (página 128) el sacramento en que recibimos y celebramos el perdón de Dios por nuestros pecados

penitencia (página 140) oración u obra que el sacerdote nos pide hacer para reparar nuestros pecados

procesión (página 280) caminata de oración

resurrección (página 28) Jesús vive después de la muerte

sacramento (página 40) signo especial dado por Jesús

sagrada familia (página 16) la familia de Jesús, María y José

salmo (página 192) canto de alabanza de la Biblia

Santísima Trinidad (página 16) tres Personas en un solo Dios

Santísimo Sacramento (página 216) otro nombre para la Eucaristía

santos (página 280) todos los miembros de la Iglesia que han muerto y están felices con Dios en el cielo para siempre

tabernáculo (página 216) lugar especial en la iglesia en donde se mantiene el Santísimo Sacramento

Templo (página 268) lugar santo en Jerusalén donde el pueblo judío rendía culto a Dios

ultima cena (página 168) la comida que Jesús compartió con sus discípulos la noche antes de morir

Glossary

absolution (page 141) the forgiveness of our sins by the priest in the Sacrament of Penance

Apostles (page 29) the twelve men chosen by Jesus to be the leaders of his disciples

assembly (page 181) the community of people who join together for the celebration of the Mass

Baptism (page 53) the sacrament in which we are freed from sin and given grace

Bible (page 93) the book in which God's Word is written

bishops (page 257) leaders of the Church who carry on the work of the Apostles

Blessed Sacrament (page 217) another name for the Eucharist

Blessed Trinity (page 17) the Three Persons in One God

called by God (page 245) invited by God to love and serve him

Catholics (page 41) baptized members of the Church, led and guided by the pope and bishops

Church (page 29) all the people who are baptized in Jesus Christ and follow his teachings

commandments (page 105) God's laws

confession (page 141) telling our sins to the priest in the Sacrament of Penance

Confirmation (page 65) the sacrament that seals us with the Gift of the Holy Spirit and strengthens us

conscience (page 129) God's gift that helps us to know right from wrong

contrition (page 141) being sorry for our sins and promising not to sin again

diocese (page 257) an area of the Church led by a bishop

disciples (page 29) those who follow Jesus

divine (page 17) a word used to describe God

Eucharist (page 169) the sacrament of the Body and Blood of Jesus Christ

Eucharistic Prayer (page 205) the most important prayer of the Mass

faith (page 41) a gift from God that helps us to trust God and believe in him

free will (page 117) God's gift to us that allows us to make choices

Gospels (page 93) four of the books in the New Testament that are about Jesus' teachings and his life on earth

grace (page 53) God's life in us

Great Commandment (page 105) Jesus' teaching to love God and others

Holy Communion (page 169) receiving the Body and Blood of Christ

Holy Family (page 17) the family of Jesus, Mary, and Joseph

homily (page 193) the talk given by the priest or deacon at Mass that helps us understand the readings and how we are to live

Last Supper (page 169) the meal Jesus shared with his disciples on the night before he died

Liturgy of the Eucharist (page 205) the second main part of the Mass in which the gifts of bread and wine become the Body and Blood of Christ

Liturgy of the Word (page 193) the first main part of the Mass when we listen to God's Word

Mass (page 169) the celebration of the Eucharist

mercy (page 117) God's love and forgiveness

mortal sins (page 117) sins that break our friendship with God

new commandment (page 293) Jesus' commandment to love one another as he has loved us

New Testament (page 93) the second part of the Bible

Old Testament (page 93) the first part of the Bible

Original Sin (page 53) the first man and woman disobeyed God; the first sin

parishes (page 41) communities that worship and work together

pastor (page 257) the priest who leads and serves the parish

a penance (page 141) a prayer or a kind act we do to make up for our sins

Penance and Reconciliation (page 129) the sacrament in which we receive and celebrate God's forgiveness of our sins

pope (page 257) the leader of the Church who continues the work of Saint Peter

prayer (page 269) talking and listening to God

procession (page 281) a prayer walk

psalm (page 193) a song of praise from the Bible

Resurrection (page 29) Jesus' rising from the dead

sacrament (page 41) a special sign given to us by Jesus

saints (page 281) all the members of the Church who have died and are happy with God forever in Heaven

sin (page 117) a thought, word, or act that we freely choose to commit even though we know that it is wrong

tabernacle (page 217) the special place in the church in which the Blessed Sacrament is kept

Temple (page 269) the holy place in Jerusalem where the Jewish People worshiped God

Ten Commandments (page 105) ten special laws God gave to his people

venial sins (page 117) sins that hurt our friendship with God

worship (page 41) to give God thanks and praise